편견

KB192866

편견

지은이 아그네스 헬러 | 옮긴이 서정일 | 처음 찍은 날 2015년 8월 5일 | 처음 펴낸 날 2015년 8월 12일 | 펴낸곳 이론과실천 | 펴낸이 최금옥 | 등록 제10-1291호 | 주소 (121-822) 서울시 마포구 포은로8길 32 (국일빌딩) 201호 | 전화 02-714-9800 | 팩스 02-702-6655

ISBN 978-89-313-6066-0 03100

*값 14,000원
*잘못된 책은 바꿔 드립니다.

편견

Die Welt der Vorurteile

아그네스 헬러 지음 | 서정일 옮김

다양한 편견의 양상과 우리가 가진 편견에 관하여

이론과실천

차례

서문

이 책은 내가 2013년, 피터 유스티노프 경 초빙교수 자격으로
빈 대학 시대사時代史 연구소에서 '편견의 세계'라는 제목으로 강
연한 내용을 근간으로 한 것이다. 나는 나의 철학적 과제가, 근대
적 의미에서의 편견이 전반적인 사회 발전 과정에서 어떻게 생성되
었으며 편견에 관한 비평이 근대성의 문제에 대해 답변하고 있음
을 보여주는 데 있다고 생각했다.

이러한 이유에서 계몽주의 이후의 근대성 이론부터 시작할 필
요가 있다. 이 이론은 세 가지 논리로 근대성의 역학에 관한 논의
와 전개 구조를 포함하고 있다. 편견은 문화적·도덕적 현상이기
도 하기 때문에 나는 근대성 속의 윤리 상황과 다양한 근대적 문
화 개념을 분석할 수밖에 없었다.

편견을 둘러싼 논의 자체에 관한, 다소 부담 없는 과제와 비
교하면 근대적 의미에서의 편견에 관한 조건들을 분석하는 것은
대단히 복잡한 과제임이 밝혀졌다. 이 책에서는 전체주의 체제 하

에서 체계적으로 그리고 정치적·이념적으로 편견을 도구화한 사례까지를 포함하여 인종주의, 특히 반유대주의 그리고 식민지 민족에 대한 편견, 피억압 계급에 대한 편견, 여성과 동성애에 대한 편견, 정치적·사회적 편견과 같은 가장 중요한 편견들을 주제로 다룰 것이다.

철학자들은 모든 것은 모든 것과 연관성이 있다고 종종 말하곤 한다. 이 책을 통해 우리는 이 말의 의미를 더 가깝게 느끼게 될 것이다.

아그네스 헬러 2014년 4월 26일

1.

존재론적·인류학적
관점에서 본
편견의 조건

근대적 의미의 편견 개념은 계몽주의 시대에 이르러 발전하였다. '편견'이라는 단어 자체는 아주 오래되었고, 라틴어 'praeiudicium'에서 유래한 말이다. 물론 오늘날 우리가 이 단어와 관련하여 떠올리는 것과는 다른 의미였다. 라틴어 'Praeiudicium'은 개별적 사례들보다 선행하고 그것을 넘어서는 보편적 판단의 의미로서, 구체적 사례가 제시되기 전에 주어진 것이다. 'Praeiudicium'은 공동체 내에서 옳은 것으로 받아들여지며 개별적 사례들도 포함되었다. 예컨대 우리는 "살인은 나쁘다"고 말하는데, 살인에 관한 문제에서 대체 누가 살인을 저질렀는지에 대해서는 묻지만 "살인이 나쁘다"는 판단Iudicium에 대해서는 의문을 제기하지 않는다.

　이마누엘 칸트는 판단을 '규정적인 것'과 '성찰적인 것' 등, 두 유형으로 구별하였다. 규정적 판단에서는 한 가지 규칙이 있는데,

구체적 사건이 포함되는지 찾아내야 한다. 축구 경기에서 심판은 특정 행동의 파울 여부를 결정해야 한다. 파울이라면, 그 행동은 마땅히 징계를 받아야 한다. 물론 잘못된 판단도 있겠지만 어떤 경우에도 규칙은 적용되어야 한다.

어떤 규정적 판단이 여전히 한 집단 내에서 받아들여지지 않는 경우에는 편견이라 할 수 있다. 어느 집단이 여자는 남편에게 정절을 지켜야 한다는 것을 당연한 전제로 삼는다면, 여자의 부정不貞을 부정적 관점에서 비판하는 것은 편견이 아니라 규정적 판단이다. 모두가 어떤 규범에 동의하면 그 규범은 편견으로 간주될 수 없다. 상위 규범이 일반적으로 인정되지 않는 경우에 한해 편견이라 할 수 있다.

성찰적 판단의 경우에는 다르다. 여기서는 개별적 사례들에서 일반적 판단을 도출한다. 예컨대 칸트는 미학적 판단을 성찰적 판단이라 일컫는다. 사람들은 장미가 아름답다고 말하지만 모든 꽃들이 아름다워서가 아니라 개별적 경우에서 그렇기 때문이다.

성찰적 판단들은 피상적으로만 성찰적인 경우에는 편견이 된다. 사람들은 개별적 사례들에서 보편적인 것을 추론하는 경향이 있다. 보편적인 것이 어떤 것임을 이미 알고 있기 때문이다. 예를 들면 지저분한 흑인을 보고, 흑인은 전부 더럽다고 말한다. 돈 많은 유대인을 거론하며 유대인은 모두 부자라고 말한다. 개별적 사례에 관해 말하는 순간 이미 일반적 판단을 상정하는 것이다. 유대인이 모두 부자이기 때문에 사람들이 유대인들을 좋아하지 않는다고 전제해 보자. 그것은 진정한 성찰적 판단은 결코 편견이 아니며, 편견은 피상적으로 성찰적 판단에서 출발한다는 것을 의미한다.

전통 사회에서는 모든 사람이 옳다고 인정하는 의미의 'Praeiudicium'이 있을 뿐이다. 문제는 그것을 어떻게 적용하느냐 하는 것뿐이다. 예컨대 현대에 이르러 이혼이 나쁘다는 것은 일반적으로 규범으로 인정받지 않는다. 이혼이 나쁘다고 믿는 편견이 있다고 생각하는 것이다. 반면 우리의 견해를 편견이라고 생각하는 사람들도 있다. 아울러 편견이 성립될 수 있으려면, 한 사회 내에 서로 다른 규범 체계들이 동일한 지평에서 작동되어야 한다.

예언자적인 두뇌의 소유자였던 윌리엄 셰익스피어는 판단과 편견 사이의 기본적 갈등을 그 누구보다 일찍 인식한 사람이었다. 예를 들면 로미오와 줄리엣의 경우가 그러한데, 여기서 중요한 것은 어떤 것이 당연한 것이며, 어떤 것이 그렇지 않느냐 하는 것이다. 몬테규 가문과 캐퓰리트 가문이 서로 반목하는 상황에서 줄리엣은 "이것은 당연하다는 것과는 아무 상관이 없다. 내가 캐퓰리트 가문 사람처럼 행동하고 몬테규 가문을 증오해야 한다는 것은 편견"이라고 말한다. 셰익스피어는 편견을 당연하지 않은 것, 계몽주의와 더불어 비로소 보편적으로 인정된 개념이라 생각하였다. 근대 이전의 모든 사회와 달리, 근대에 이르러 다른 유형의 사회적 공동생활에 의해 특성이 나타나기 때문에 새로운 편견 개념이 확산되었다.

가다머의 편견 개념

자신의 저서, 『진리와 방법』에서 한스 게오르크 가다머는 편견의 개념에 관해 기술하였는데, 그는 이 책에서 사람들이 그것을 적용하는 방법이 원래 옳지 않은 것이며, 그것은 계몽주의에 의해 고안된 것이라고 언급하였다. 즉 계몽주의는 우리가 편견을 갖는 것이 마치 결함인 것처럼 편견을 부정적 의미로 언급하고 있다는 것이다.

가다머에 의하면 우리는 모두 편견을 갖고 있으며, 편견 없이 살아갈 수도, 행동할 수도 없다. 편견을 통해서만 우리는 일반적으로 우리의 현재와 환경을 이해한다. 가다머에게 편견은 인간 생활, "인간의 조건Condition humana", 우리 인간의 현존에 속한다. 이러한 편견 개념은 기존의 책들에서 언급하는 개념과는 다르다.

이 세상에 태어나면서(마르틴 하이데거와 가다머는 인간이 세상에 태어나는 것을 "내던져진 것"이라고 표현한다), 우리는 경험에 앞서 서로 전혀 다른 두 개의 '아프리오리Apriori(선험성)'를 대면한다. 우리 삶은 우리가 태어나는 순간에 이미 존재하는 두 가지 전제 위에 구축된다. 즉 한편으로 생물학적이고 유전적 특징이 우리에게 부여되고, 다른 한편으로 확정된 규범, 가치, 역할, 판단 그리고 사회적 관계들로 얽힌 세계 속에 '내던져'진다.

가다머와 하이데거의 이해 개념이 여기에 덧붙여진다. 아이는 자신이 세상에서 보고 경험하는 것 모두가 전제된 조건이라고 받아들이면서 세상을 이해하기 시작한다는 것이다. 어떤 세계를 경험하고 싶어 하는 사람은 그 세계의 진실과 이치를 경험한다. 아이에게 아빠와 엄마가 있다는 것, 해도 되는 일들도 있지만, 금지하기 때문에 하지 말아야 할 일들이 있다는 것은 당연하다. 어쩌면 아이는 이 세상에서 무언가 맞지 않는다는, 문화 속에서 거북함 Unbehagen을 느낄지 모르지만 그것은 감정의 차원에 머무른다. 아이에게 세상은 오로지 눈에 보이는 세상일 뿐이며, 그가 경험하는 세상 이외의 어떤 다른 세상은 존재하지 않는다.

이 세상의 모든 편견들은 아이에게 당연한 것이며 모국어 역시 일반적으로 한 나라의 언어이다. 아이들의 언어 학습은 프로그램화되었지만 어떤 언어를 배울지는 정해지지 않았다. 두 선험성을 보여주는 적절한 예를 들면 다음과 같다. 즉 유전적 선험성은 우리가 한 가지 언어를 배우도록 생물학적으로 프로그램화된 것이며, 사회적 선험성은 영어나 독일어 혹은 인도어를 사용하는 가정에서 태어나느냐 하는 경우이다. 이 두 선험성은 경험을 통해 서로 조화를 이룬다.

어떤 면에서 볼 때 아이의 모든 판단들은 검증되지 않았기 때문에 편견이다. 아이는 자신의 판단이 참인지 거짓인지 합리적인 통찰력을 갖고 있지 않고, 그것을 그저 당연하게 받아들인다. 아울러 자신의 부모, 이웃, 자기 세계가 참된 세상이라고 당연하게 받아들인다. 그것들이 바로 편견인데, 하이데거와 가다머는 이에 관해 "우리는 세상에 던져지고 나서야 이해하기 시작한다."고 말한 것이다.

설명과 이해 사이에는 어떤 모순도 없다. 우리가 이해하는 것은 모두 이미 설명된 것으로 받아들이기 때문이다. 예컨대 어떤 어린아이가 "왜 어른들한테 인사해야 되지요?"라고 물을 때, 대개는 "어른이기 때문에 당연히 인사해야 하는 거야! 그래야 착한 애란다!"라고 어른들은 이야기한다. 착한 아이는 이 사실을 배우게 되고, 성장한 후 자기 자식들에게도 그렇게 가르친다. 규범과 역할들은 이런 식으로 당연하게 여겨진다. 시간이 흘러서도 이러한 것들에 대해서는 전혀 의문을 제기하지 않는다. 철학자들만이 "이 세상이 존재하는 이유는 무엇일까?"와 같은 어린애와 같은 질문을 던질 뿐이다. 이런 물음에 대해 보통의 부모들은 "그따위 바보 같은 질문은 하지 마!"라고 대답할 뿐이다.

우리는 그렇게 "바보 같은 질문"을 하지 말라고 배운다. 우리 모두는 그것을 검증하지 않은 상태에서 우리가 좋고, 옳다고 여기는 전제조건들을 갖고 있다. 우리에게 그것은 너무도 당연하다. 규범이나 우리가 행하는 역할들, 우리가 복종하는 규칙들이 여기에 속하며, 주변 세계의 수많은 관념 역시 당연하게 받아들인다. 어렸을 때 우리는 신이 여럿일 수도, 하나일 수도 있고, 어떤 신들은 다른 신들보다 더 고귀한 신들이며, 우리 가족의 조상들이 유령으로 나타나곤 한다는 것을 배운 적이 있다.

요약하면, 우리의 경험은 한 차원 높은 이해 방식을 통해 보편적 이해가 된다. 이것은 일반적으로 한 집단의 문화적 전통에 뿌리를 내린다. 문화적 기억이 없다면 사회도, 과거도 존재할 수 없다. 문화적 기억은 이미 어린아이 때부터 인간에게 과거라는 것이 이미 있고, 옛날 세계는 지금과는 달랐다는 의식을 갖게 해 준다. 아이는 "어떤 존재가 이 세계를 창조하였다." 같은 이른바 목적론적인 세계 개념을 습득한다. 인간은 자신이 어디서 왔으며, 누구이며, 어디로 가고 있는지 알고 싶어 한다. 고갱이 1897년 자신의 유명한 그림에서 "우리는 어디서 왔는가? 우리는 누구인가? 우리는 어디로 가고 있는가?"라는 물음을 던진 것처럼 말이다.

우리 현재, 우리 사회의 모든 규범, 가치 그리고 관습들에 대해 동시에 문제를 제기하는 것이 가능할까? 대답은 '그럴 수 없다'는 것이다. 그렇게 하면 우리는 살아갈 수 없다. 어느 날 갑자기 다른 사람들이 하는 것을 하지 않겠다, 그들이 믿는 것을 믿지 않겠으며, 진리라고 여기는 것을 진리로 받아들이지 않겠다고 선언한다면 우리는 살 수 없을 것이다. 그것이 문제이다. 우리 모두는 편견을 갖고 있으며 검증되지 않은 추정에서 출발한다. 우리는 그렇게 해야 살 수 있는 존재이다.

현재와 과거

현재 이전의 과거는 집단적 서사가 존재하는 집단기억 속에
있으며, 그것이 인간의 문화를 구성한다. 예컨대 호메로스가 없었
다면, 그리스인은 존재하지 않았을 것이고, 아테네 사람, 스파르
타 사람들만으로 존재했을 것이다. 『일리아스』와 『오디세이』는
모든 그리스인들의 집단기억이다. 그들은 이러한 집단기억을 인정
할 수밖에 없었으며, 자신의 과거가 그러했다고 '알고 있다.' 모든
것은 현재에서 종료된다. 현재 이전의 사람, 즉 '옛날 사람'들은 본
질적으로 그 어떤 역사적인 미래에 대한 개념이 없었다.

어린아이도 일종의 꿈 의식을 갖고 있다. 꿈속에서는 과거도
미래도 없으며, 단지 절대적 현재만 존재하는데, 이것은 신생아
에게도 마찬가지다. 어린아이에게 과거를 가르치면서 비로소 시
간 개념을 의식하게 해 주는 것이다. 어린아이들에게 "옛날 옛적
에…"라는 말로 시작하는 동화를 들려주는 것도 그 때문이다. 아
이는 오늘날 더 이상 없는 어떤 것이 옛날에는 있었다는 사실을
배운다. "그들이 죽지 않았다면 오늘날에도 그렇게 살고 있을 것
이다."로 끝나는 이야기도 종종 있다. 신화 속에서는 물론 이러한
동화에서도 과거로의 시간 여행은 전형적이다.

역사적인 미래는 단지 현대에만 존재한다. 여기서 논의하게 될 편견들 역시 역사적 미래가 존재하는 사회에만 존재하는 것들이다. 옛날에는 그러한 편견들이 없었다. 사람들은 죽은 다음에 어떤 일이 일어날 것이라는 상상은 할 수 있었다. 어쩌면 영혼은 죽지 않고 어느 곳에 떠돌지 모르며 윤회라는 것이 있을지 모른다고 말이다. 어쩌면 미래는 있겠지만 역사적 미래는 존재하지 않았다.

일반적으로 유토피아는 과거 속에 정착했다. 19세기 이전의 유토피아는 미래가 아닌 과거, 즉 '황금시대'에 관한 내용이었다. 파라다이스와 에덴동산 이야기가 그런 유토피아다. 구원 이외에는 어떤 미래도 없었으며, 구원 속에는 어떤 시간 개념도 없었다. 시간은 현재와 더불어 종료된다. 그렇기에 지금과 같은 의미의 편견들은 없었고, 그저 옳고 그릇된 것에 관한 보편적 판단만이 있을 뿐이었다.

플라톤의 『대화』에서 소크라테스는 견해와 진정한 지식을 구별하였다. 사람들은 진정한 지식이 아닌 견해만을 갖고 있을 뿐이다. 아테네 사람들이 말한 것, 소피스트들이 말한 것, 평범한 사람들이 말한 것, 이들이 진짜 믿고 있는 모든 것들은 사실 견해에 불과하지 진정한 지식은 아니다. 호메로스가 신들에 관해 언급한 이야기 역시 진정한 지식이 아니다. 사람들이 인정할 수 있는 것은 오로지 검증된 지식, 검증된 경험뿐이다.

하지만 시간 개념이 없었기 때문에 이 견해들은 우리가 갖고 있는 편견과 같은 것이 아니다. 플라톤은 우리가 특정한 견해에 맞서 다른 견해를 제시할 수 있다는 의미로 말하지 않았다. 플라톤은 철학적 진리만이 견해와 대면할 수 있으며, 비非철학적 개념과 원리들은 단순한 견해에 불과하다고 생각했다.

철학적 논증과 추론을 통해서만이 우리는 진리에 도달할 수 있다. 우리가 감각적으로 경험하는 모든 것, 귀로 듣는 모든 것들은 견해에 불과하지, 진리가 아니다. 우리의 감각은 물질적인 것에 초점이 맞춰진 것이며, 물질적인 것들이 낳는 것들은 견해일 뿐이다. 순수한 이성, 순수한 지식만이 진리를 낳을 수 있다. 진리는 경험적으로 체험할 수 없으며, 순수한 진리에 도달하기 위해서는 경험적 체험을 넘어서야 한다.

계몽주의와 경험론적 편견 개념

편견에 관해 이야기할 때, 경험론적인 그 무엇을 떠올리곤 한다. 피부색이 검은 한 사람을 체포한 이유가 단지 그가 흑인이기 때문이라면, 그 체포 행위는 편견으로 인해 이루어진 것이다. 이것이 경험론적 사실이다. 우리가 편견을 반대하는 입장을 취할 때, 항상 구체적이고 경험론적 사례들을 언급하곤 한다.

계몽주의 시대 당시 사람들은 편견은 이성적이지 않은 것이며,

이성의 판단이 편견을 대신할 수 있다고 말했다. 당시 사람들 머릿속에 있었던 것은 플라톤이 말한 철학적 진리가 아니라 상식으로서의 이성이었다. 르네 데카르트는 사람의 마음속에 상식처럼 그렇게 똑같이 분배되어 있는 것은 없다고 말한 바 있다. 모든 사람들은 자신의 오성Verstand을 매개로 사유한다. 그렇지 않은 경우도 많지만 그것은 이런저런 이유 때문이지, 우리는 모두 그럴 능력을 갖고 있다. 그 누구도 계몽적 방식으로 자기 오성을 사용하기 위해 철학자가 될 필요는 없다.

칸트는 『판단력 비판』에서 계몽주의자가 어떻게 생각하고 판단해야 하는지에 대해 언급하였다. 비판적 판단을 위해 반드시 필요한 세 가지가 있다. 즉 자신의 머리로 판단하고 사유하는 것이며, 그 다음에는 다른 사람의 머리로도 생각하고 판단하는 것 그리고 마지막으로 이치에 맞고 편견에서 자유롭게 판단하는 것이 그것이다.

우리는 이성을 무엇이라고 이해하고 있는가? 어머니는 대개 자식에게 "이성적으로 행동해라, 그리고 어른에게 인사하거라!"라고 말한다. 일상 세계에서 우리는 부모나 이웃 그리고 이 세상 사람들이 하는 행동을 그대로 따라 하면 이성적이라고 한다. 다른 행동을 선호하면 비이성적이라고 한다. 하지만 일상생활에서 '이성적'이라고 일컫는 것들을 우리는 편견이라 표현할 수도 있을 것이다. 칸트의 이성 개념에 따르면 항상 자기 머리로 생각하고, 실제로 그런지를 밝혀내기 위해서 모든 것을 검증하는 사람이 이성적인 사람이다.

그러나 플라톤에게 이런 식의 논의는 없었다. 단언컨대 그는 모든 사람이 자기 머리로 사유할 수 있을 것이라고 기대하지 않았다. 마땅히 모든 사람들이 절대적인 철학적 진리를 인식해야 한다. 그러나 플라톤은 대다수의 사람들에게는 그럴 능력이 없다고 생각했다. 그는 영혼을 세 가지로 구분한다. 첫째, '황금의 영혼'을 가진 사람은 철학적 진리는 물론 모든 것을 이해하는 사람이다. 둘째, '은의 영혼'을 갖고 태어난 사람은 전체적인 진리가 아닌 부분만을 이해할 뿐이다. 마지막으로 '철의 영혼'을 갖고 태어난 사람은 어떤 것도 이해할 능력이 없으며 단순 수작업만 할 수 있는 사람이다.

던져짐과 지향

우리는 인간 삶의 유전적 선험성과 사회적 선험성, 이 두 가지 전제조건을 안고 세상 속에 던져진 존재들이다. 인간의 경험은 이와 더불어 시작된다. 신생아들은 서서히 이 세상을 이해하고 당연한 것으로 받아들이기 시작한다.

이 두 선험성은 결코 완전히 일치하지 않으며, 그 사이에는 틈과 심연이 있다. 지그문트 프로이트의 표현을 빌리면, 모든 문화에는 거북함이란 것이 있기 마련이다. 물론 이 이론을 반드시 인정할 필요는 없지만 우리 모두 항상 우리가 살고 있는 문화 속에서 편안함을 느끼지 못한다는 것은 사실이다. 그리고 모든 유전적 선험성이 사회적 선험성과 원만하게 조화를 이루는 것도 아니다.

틈이 존재한다는 것은 아주 중요한데, 이것은 지식과 문화, 두 가지 요인 때문이다. 우리의 생물학적·유전적 본성과 현존하는 세계 사이에 일체의 긴장도 없다면, 우리는 절대 변하지 않을 것이다. 이 틈을 보완하기 위해 우리는 아직 없는 무언가를 창조해 낼 것이다. 다른 행동을 하고, 다른 것을 알고 싶어 하고, 다른 무언가를 완성해 낼 것이다. 이러한 긴장에서 문화적 '잔재물Surplus', 우리의 지식과 경험 속에 '잔재물'이 생긴다. 생물학적 본성과 사회적 본성 간의 긴장에서 또 다른 것, 즉 웃음과 울음이 탄생되었다. 사람이라면 누구나 웃고 운다. 이것은 보편적 법칙이다. 이 세상에서 웃고 울지 않는 문화는 없다. 이것이 문화에서 거북함을 느끼는 이유에 대한 대답이다.

눈물을 흘리는 것은 유전적 선험성의 관점을 받아들이는 것이다. 우리는 우리 자신 때문에, 이 세상의 온갖 일, 친구, 연인 때문에 울고, 혼자 눈물을 흘리는 경우도 많다. 울음은 사회적 표현 방식이 아니다. 사람은 눈물을 흘리면서도 자신을 숨기고 싶어 한다.

반면 웃음은 사회적 관점이다. 이런 관점에서 보면 우리는 자신과 다른 사람 때문에 웃는다. 웃음은 편견에서도 아주 중요한데, 우는 것보다 훨씬 더 중요한 역할을 한다. 울음은 다른 이들의 편견에 대한 반응일 뿐이다. 내가 무시당했을 경우, 나는 눈물을 흘릴지 모른다. 하지만 우리는 편견 때문에 울지는 않는다. 그저 편견을 비웃는 정도일 것이다.

언어 습득만이 아니라, 우리는 다양한 감정과 자극을 갖고 태어났다. 우리가 규범과 규칙에 순응한다는 것은 우리 스스로 길들여진 결과다. 이것은 본능의 억제와 더불어 일어난다. 우리의 삶은 본능을 통해 이끌리는 것이 아니다. 이것은 인간의 삶의 존재론적 전제조건에 속한다.

사회의 규범과 규칙들이 인간의 본능을 대신한다. 규범과 규칙이 없다면 우리는 살 수 없는데, 우리 자신의 방향성을 정할 수 없기 때문이다. 우리는 사회가 미리 규정해 놓은 것, 사회 속에서 당연한 것으로 전제하고 생각하는, 이른바 가다머가 말한 의미에서의 편견들에 초점을 맞춘다.

이러한 판단들이 우리의 행위를 이끈다. 우리는 이 규범과 가치, 규칙들이 있기 때문에 오로지 이것들을 통해서 이 세상 속의 우리 스스로를 파악해 간다. 사회적 규율이 본능을 대체하는 것이다. 우리가 그 어떤 것도 처음부터 당연한 것으로 승인하지 않으면 이 세상 속에서 스스로를 인식할 수 없다. 이것이 세계 인식의 전제조건이다.

사회의 규율에 관해 말하자면, 무엇보다 사회 속에서의 방향성에 관해 언급하지 않을 수 없다. 사람은 모두 사회적 존재이긴 하지만 그럼에도 우리는 모두 개별적 인간Einzelmensch이다. 우리가 사회적 전제조건과 규정들에 거의 완전하게 조화를 이룬 경우에도 우리는 개개의 인간으로 남아 있다. 그런 존재로서, 우리는 (니클라스 루만의 표현에 따르면) 서로 분리된 체계이다.

우리는 자연과 사회, 이 두 체계 사이의 혼합체가 아닌 독립적 체계이다. 이 세계를 우리의 눈으로 보지만, 우리는 자신을 볼 수 없다. 우리가 거울을 통해 보는 것은 우리 자신의 모습이 아니라 모사Abbild일 뿐이다. 외부적으로 보여지는 진리가 우리 내면에서도 진리도 여겨지는 것이다. 그리스인들이 "너 자신을 알라!"고 말했다지만, 자신을 완벽하게 알 수 있는 사람은 아무도 없다. 또한 다른 사람에 관해서도 그럴 수 없다. 우리 자신을 알기 위해 우리는 타자를 필요로 하며, 그런 이유로 타자에게도 역시 우리가 필요하다.

독립적인 체계로서 우리는 이 세계에 우리가 가야 할 방향성을 맞춘다. 물론 우리는 행동하고 말하고 복종할 수는 있지만, 우리가 알아야 할 것은 대체 누구에게 복종할 것이며, 어떤 규범과 도덕 그리고 규칙들을 승인할 것이냐 하는 사실이다. 우리 모두는 일반적으로 "좋고", "나쁘다"고 일컫는 그런 가치들을 잘 알고 있다. 우리는 선함을 지향하고 악을 배척한다. 우리는 악을 피해야 하며, 선을 실천해야 한다는 것을 알고 있다.

우리는 지향점이 되는 다른 개념과 가치들을, 예컨대 "참된 것", "거짓된 것"과 같은 보편적 가치들로 대체할 수 있다. 우리는 참된 것을 추구하는데, 그에 대해 들은 바가 있기 때문에 참된 것이 무엇인지 알고 있다. 우리는 참된 것을 믿고, 거짓된 것은 믿지 않는다. "아름다운 것", "추한 것", "즐거운 것", "즐겁지 않은 것" 역시 지향의 가치이다. 또한 우리가 성취할 수 있는 것과 그렇지 않은 것, 정의로운 것과 그렇지 않은 것에도 초점을 맞추고 있다.

지향의 가치를 언급하는 것이 어째서 중요한 문제일까? 그것은 바로 사회성Gesellschaftlichkeit과 관련이 있기 때문이다. 우리는 좋고, 아름답고, 정의로운 일을 행하라고 들어왔다. 그런데 좋은 것, 아름다운 것, 정의로운 것은 대체 무엇인가? 그것은 바로 우리 사회가 그렇다고 여기는 것들이다. 이 가치들은 우리 주변 세계에 의해 규정된다. 주변 세계가 참된 것이라고 규정한 것들에 대해 그것이 정녕 참된 것인지, 문제를 제기하고 질문을 던진다면 사회와 충돌할 수밖에 없다. 적어도 동질적인 사회에서는 말이다.

이질적인 사회는 역사적으로 아주 늦게 전개되었다. 그런 이유 때문에 우리가 근대에 이르러 비로소 우리가 생각하는 개념으로서의 편견에 대해 말할 수 있는 것이다. 우리가 현재 시대에 살고 있기에 우리는 주변 세계가 진리라고, 아름다운 것이라고, 정의로

편견

운 것이라고 인정한 것이 진리도 아니며, 아름답지도 않고, 정의
롭지도 않은 것이라고 말할 수 있다. 어떤 한 사람이나 철학자만
이 아니라, 우리가, 모든 사람이 이런 생각을 당당히 밝힐 수 있을
때, 비로소 편견에 관해 자유롭게 이야기할 수 있을 것이다.

격정과 감정

앞에서 이야기한 바와 같이 우리는 몇 가지 선험성을 갖고 태
어났다. 충동Triebe과 격정Affekte도 이 선험성에 속한다. 충동과 격
정은 본능이 아니라, 이 두 선험성의 산물이며 그와 동시에 그것이
없으면 인류가 생존할 수 없는 보편적 동기이기도 하다. 우리는
이 모든 것에 관해 잘 알고 있다. 배고픔과 목마름은 모두 충동이
다. 성적 충동은 자신만의 번식이 아니라, 종種으로서의 인간 번식
을 위해 꼭 필요한 충동이다.

충동은 구체적인 지향의 대상이다. 충동은 역사적으로 그리
고 사회적으로 규정된 것은 아니지만 이 충동의 대상들은 역사적
으로 규정되며, 어느 정도까지는 사회적으로도 규정된다.

우리는 어떤 대상에게 성적 충동을 느끼는가? 남성이 다른 남
성을 성적 충동의 대상으로 생각할 수 없었던 시대가 있었다. 그

것은 단순히 수치스런 짓거리가 아니라 악한 짓이었다. 그러나 지금은 다르다. 성적 충동의 대상으로 금지된 사람은 어린이들뿐이다. 똑같은 충동에도 허락받은 대상, 허락받지 못한 대상, 수치스럽거나 그렇지 않은 대상들이 있다.

배고픔과 목마름도 이와 비슷하다. 1930~1933년, 소비에트연방 지역에서 펼쳐진 끔찍한 굶주림의 시기에 우크라이나에서는 식인 행위가 관습적으로 자행되었다. 평범한 시대에 인육人肉은 다른 사람에게 금기의 대상이다. 종교에 따라 배고픔과 목마름의 대상이 될 수 있는 것, 허용될 수 없는 것이 규정되기도 한다.

격정은 또한 보편적으로 인간적인 것들이다. 사람들 가운데 건강한 개별적 인간이라면 모두 이러한 격정을 갖고 있는데, 두려움, 분노, 역겨움, 부끄러움, 즐거움, 슬픔이 그런 것들이다. 이 세상 아이들은 즐거움과 슬픔이 자기 얼굴에 어떻게 나타나는지 알고 있다. 모든 격정들은 표정을 갖고 있다.

분노는 경험상으로도 보편적 현상이며 순수한 분노는 특별한 표현방식을 갖고 있다. 화난 사람의 얼굴은 모두 알아볼 수 있는데, 창백해지거나 화를 주체하지 못해 얼굴이 벌겋게 달아오르기도 한다. 몸짓 언어를 통해서도 분노를 알 수 있다. 부끄럽다고 느낄 때도 얼굴이 벌겋게 달아오른다. 두려움을 느낄 때 사람들은 몸을 부르르 떨거나 하얗게 질린 표정을 짓는다. 뛰어가고 싶은 마음이 들지만 한 발자국도 움직이지 못하는 경우도 있다.

두려움의 표현도 보편적이라 할 수 있다. 하지만 우리가 공포를 느끼는 대상, 역겹다고 생각하는 것, 수치심과 창피함을 느끼는 원인, 기쁨과 슬픔의 이유는 모두 사회적, 역사적인 것들이며, 개인마다 각각 다를 수 있다. 이 격정의 자극들은 서로 다른데, 격정은 충동이 아니라, 그것이 유발되는 원인에 대한 반응이기 때문이다. 이 격정들은 내면에서 일어나는 것이 아니라 작동되는 것이며, 그것을 유발시키는 것은 항상 사회적 요인들이다.

예를 들면, 사람들은 변심에 대한 두려움을 갖고 있다. 친구를 잃을지 모른다는 두려움, 명예를 잃을지 모른다는 두려움 등이 그것이다. 이외에도 누군가 자신만의 비밀을 알아차릴지 모른다고 두려워하기도 한다. 우리는 아주 다양한 일들에 대해 두려움을 느낀다. 뿐만 아니라, 역겹다고 느끼는 표현은 항상 똑같지만 역시 아주 다양한 일에 대해 역겨움을 느끼기도 한다. 예를 들면 우리는 청결한 상태인데, 어떤 사람이 씻지 않아서 악취를 풍긴다면 역겨움을 느끼곤 한다. 전혀 다른 사회에서는 당연하게 받아들이기 때문에 역겹다고 느끼지 않는 경우도 있다. 당연한 것에 대해서는 역겹다고 느끼지 않기 때문이다.

우리가 별도로 언급해야 할 특별한 유형의 격정들이 있는데 그것이 바로 부끄러움과 수치스러움이다. 이것들은 다른 방식으로, 즉 윤리적 의미에서 우리의 사회적 존재성과 관련을 맺고 있다. 역겨움과 두려움과 달리, 부끄러움은 윤리적 지향성의 유형이다. 사람들은 도덕적 권위 앞에서 부끄러움을 느낀다. 도덕적 권위는 우리 사회 자체이기도 하며, 우리를 응시하는 사회의 시선이기도 하다.

해서는 안 되는 어떤 행동을 한 것을 다른 사람이 보았을 때 사람들은 부끄럽고 수치스럽게 느낀다. 반면에 그가 속한 공동체가 바람직하다고 여기는 것을 하지 않을 때에 공동체의 잠재적 시선과 마주하며 낯이 붉어진다. 어떤 행위가 나쁘다거나 비윤리적인 것임을 염두에 두고 있다는 사실은 다른 사람들이 자신의 생각 깊은 곳까지 보고 있다고 의식하는 것이다. 하느님 앞에 부끄러움을 느끼는 것은 하느님이 모든 것을 보고 있다고 의식하기 때문이다.

여기서 우리는 여성은 남성에 의해 규정될 뿐만 아니라, 남성의 시선으로 자신을 바라본다는 시몬 드 보부아르의 주장에 관해 생각해 보자. 한 여성이 정숙한 여성인지, 바람직한 여성인지, 그렇지 않은지 결정하는 것은 남성의 잠재적 시선이다. 남성의 시선은 여성을 좋은 주부, 그렇지 않은 주부로, 예쁜 여자, 못생긴 여자로, 우아한 여자와 그렇지 않은 여자로, 좋은 엄마와 나쁜 엄마로 규정한다. 여성은 남편만이 아니라, 모든 남성의 시선에 노출되어 있기 때문에 부끄러움을 느낀다.

장 폴 사르트르는 반유대주의에 관한 자신의 저서에서 반유대주의자의 시선이 유대인을 구성하며, 유대인도 반유대주의자의 시선으로 스스로를 바라본다고 말한다. 이들은 스스로를 타자에 의해 규정되도록 내맡긴다. 한 지역의 식민 지배자의 시선 역시 식민지에 사는 사람들을 규정한다. 결국 식민지 사람들은 그것에 동의하며, 지배자들이 기대하는 것을 하지 않았을 때 부끄러움을 느낀다. 우리가 정의로운 일을 했느냐, 하지 않았느냐를 결정짓는 윤리적이며 도덕적인 권위 앞에서 느끼는 부끄러움은 아주 강력한 권력이다.

부끄러움과 수치스러움은 원래 도덕적 특성이었으나 시간이 지나면서 편견으로 변한 것이다. 내가 그들 앞에서 부끄럽게 느끼기 때문에 이웃 사람들이 "그에 대해" 말한다고 생각하는 것은 편견의 결과이다. 이웃 사람들이 말하는 것이 어째서 그토록 중요한 문제일까? 타인의 권위가 과연 편견을 나타내는 것인지 라는 물음은 현대의 관념이다. 다른 사람의 시선이 갖는 권위 이외에 우리는 우리 자신의 양심이라는 또 다른 권위를 소유하고 있다. 이 두 가지 권위는 전혀 다른 감각적 영역과 결합되어 있다. 시선에 따른 부끄러움("대체 어떻게 거울을 쳐다볼 수 있어?"), 목소리를 가진 양심이다.

역겨움, 즐거움, 슬픔, 두려움과 같은 격정들은 각양각색의 요인들로 인해 생겨나지만, 그 요인들은 이 격정들을 처음 불러낼 뿐이다. 각양각색의 사건이나 행동들이 두려움이나 부끄러움

혹은 역겨움이나 즐거움, 슬픔을 발생하게 하면, 격정 자체는 달라진다. 상황에 대한 판단이 감정 자체에까지 스며드는데, 이 순수한 격정이 이런 감정들의 원료가 되기 때문이다.

이를테면, 내가 사자를 무섭다고 느낀다면, 그것은 비밀로 간직하고 싶은 것을 어떤 사람이 들춰낼지 모른다는 두려움이나 친구와 연인의 변심에 대해 느끼는 두려움과는 다른 것이다. 내가 응원하는 축구팀이 패배할까 혹은 시험에서 떨어질까 하는 두려움도 이와 다르다.

격정의 원료는 그때그때 상황들에 대한 관념 속으로 들어가는데, 아리스토텔레스는 수사학에 대해 쓴 책에서 이러한 발견을 소개한 바 있다. 다른 사람에 대한 수사학적 언급에 반감을 갖고 있는 사람은, 다른 사람에 대한 나쁜 감정을 만들어 내는 유발요인을 찾을 수 있다. 분노가 점점 증오가 되고, 단순한 증오가 증오로 바뀌는 것이 그 예이다.

증오는 사랑과 마찬가지로 격정이 아니다. 사랑은 감정이기 때문이다. 우리는 사랑할 능력을 갖고 태어난 존재이다. 하지만 사랑의 구체적 대상들은 완전히 다르다. 별과 여행, 조국 또는 사람을 사랑하는 감정, 이 모든 것은 전혀 다른 감정들이다. 누구를, 어떤 것을 사랑하는지 그것은 감정에 속한 것이다.

편견

반면 사랑에 빠졌다는 것은 어떤 의미인가? 이것은 감정이 아니라 다양한 이유들로 인해 생기는 성향이다. 사랑하는 사람이 아프면 걱정하는 마음이 생긴다. 내가 사랑하는 사람이 다른 사람을 사랑하면 슬프거나 화가 난다. 우리가 어떤 사람과 사랑에 빠졌을 때 아주 다양하고 구체적인 감정들이 표출될 수 있다.

우리는 이미 감정의 문제에서도 편견에 관해 언급한 바 있다. 지극히 엄격한 가치관이 지배했던 전통 사회에서는 모든 사람이 (자신이 속한) 공동체를 사랑의 대상으로 느꼈기 때문에, 사람 자체에 대한 증오심을 느낄 수 없었다. 사람의 감정은 동질적 공동체의 동질적 가치에 의해 함께 규정ko-determinieren되기에, 중대한 선택을 할 필요가 없었다. 일반적으로 이질적 사회에서 우리는 감정의 대상, 특히 감정 성향의 대상들을 선택할 수 있는데, 특히 현대 사회야말로 절대적으로 이질적 사회이다.

정열Leidenschaft이라는 감정 성향의 경우, 우리의 감정이 갖는 다양성과 상이한 특성은 각각의 감정에 집중되며, 더욱이 아주 강렬하다. 정열은 다른 격정들이 발생하는 것과 마찬가지로 생기지만, 이 경우 다른 감정들은 빈곤해진다. 어떤 하나의 감정이 일어나면 그것은 매우 강렬하며, 다른 모든 감정들은 전부 잊어버린다. 어떤 사람과 열정적으로 사랑에 빠질 때, 친구, 일, 심지어 먹고 마시는 것에 대해서조차 전혀 무관심하게 되는 경우가 그것이다.

정열은 성찰적 감정일 뿐만 아니라 누군가에게 호의를 갖거나 반감을 갖도록 동기를 부여하기도 한다. 정열에 빠지면 사람들은 건전한 인간 오성을 잃는다. 물론 그것을 무조건 부정적인 것으로 볼 필요는 없다. 아리스토텔레스 이후로 사람들은 양 극단 사이에서 항상 중용을 택하고, 강렬한 정열에 절대 사로잡혀서는 안 된다고 가르쳐 왔다. 나이 든 사람들은 너무 피상적인 문제에 신경 쓰지 말고, 냉정한 마음으로 그 문제와 대면해야 한다고 믿고 있다. 그렇게 생각하는 사람들에게 정열은 신에 대한 모욕일 뿐이다.

이것은 새로운 세계의 모럴이 아니다. 정열이 언제나 부정적인 것은 아니다. 정열적 사랑에 빠지는 비극이나 소설에 관해, 예를 들면 베르테르를 그렇게 부정적으로 여기지 않는다. 정치나 예술 분야에서 정열적으로 일하는 사람들을 오늘날에는 부정적으로 바라보지 않는다. 물론 다른 사람에게 피해를 끼치는 사람은 예외지만 말이다.

아직 언급하지 않은 또 하나의 감정이 있는데 방향의 감정이 그것이다. 버트런드 러셀은 '긍정의 감정'과 '부정의 감정'에 관해 언급한 바 있다. 길모퉁이에 서서 가야 할 방향을 결정해야 하는 순간이라면, 사람들은 거의 언제나 특정한 길에 대해 '긍정의 감정'을 갖는다. 그리고 공부하는 곳, 사랑하는 대상, 쇼핑할 가게를 선택할 때에도 그러하다. 그에 대한 합리적인 설명을 찾으려 하지만 딱히 그 이유는 없다.

물론 이러한 방향의 감정은 착각을 불러올 수 있다. 하지만 두 가지 결정에 대한 합리적 이유를 찾는 과정에서 갈등이 일어나면 결정을 내리는 것은 방향의 감정이다. 그런데 우리는 이를 우리 자신의 자유로운 선택이라고 말한다. 그러나 사실 우리는 방향의 감정에 의해 이끌려 선택하는 것이다. 이러한 의미에서 선택은 우리가 자유롭게 선택하도록 결정된 것이 아니다.

개별적 주체와 개인

개별적 주체Individuum와 개인Person 간의 차이는 비록 그전에도 있었지만, 본질적으로 근대에 이르러 부각된 현상이다. 모든 사람은 하나의 체계로 자신을 나타내며 이들은 모두 독특한 개별적 주체이다. 한 사회 안에 살게 됨으로써 사람들은 사회에 의해 규정되고 사회를 통해 스스로를 규정한다. 이러한 존재성을 우리는 'Person'이라 한다.

내가 어떤 사람에게 지금 당신 자신은 어떤 존재냐고 묻는다면, 예컨대 그는 여자, 오스트리아 사람, 가톨릭 신자, 학생, 변호사의 딸 등등, 어떤 'Person'으로서의 한 '개인'이라고 답할 것이다. 사람은 누구나 이른바 개인으로서의 몇 가지 정체성Identität을 갖고 있지만, 그렇다고 정체성이 자신만의 개별성Individualität을 의미하지 않는다. 개별성이 정체성의 전제조건임에도 불구하고 말이다. 이것은 정체성이 개별적 주체의 발전에서 중요한 역할을 하고 있지만 그것과 똑같지 않다는 것을 뜻한다.

개별성은 한 인간의 역사, 그의 삶에 관한 기억이다. 유년 시절의 기억을 떠올리면, 우리는 그 시절의 단편적 상像들과 체험, 생각, 결정에 관한 기억들을 갖고 있다. 그리고 자기 자신에 대해 생각해 보면, 자신의 삶에 대해 이야기할 수 있다. 아주 어린 아이들은 그럴 수 없는데, 그것을 대신 기억하고 말해 주는 사람이 바로 부모이다. 부모들은 사진을 보여주고 "이 모습이 네가 두 살 때의 모습이란다."라고 말한다. 사람들은 모두 자신의 삶의 이야기 또는 그 요소들이 현재화된 가설에 대해 말하곤 한다.

이 문제에 관한 논쟁의 단초를 제공한 중요한 철학자가 존 로크였다. 로크는 "우리는 우리가 기억하는 것Wir sind das, was wir erinnern"이라고 말한다. 다시 말해 개별적 주체는 그의 기억과 동일한 존재이다. 반면 라이프니츠는 이에 대해 문제를 제기한다. 그는 건망증을 앓고 있어 자신이 누군지 모르는 사람도 있다고 반박한다. 이들은 아무 기억도 하지 못하지만 주위 사람들이 "네 이름은 조셉 카우프만이고 나는 두 살 때부터 너를 알았단다."라고 말해 준다. 라이프니츠는 어째서 기억이 정체성을 형성하는 것이냐고 물으면서, 정체성을 형성하는 것은 오히려 사람의 얼굴과 이름이라고 말한다. 그러나 이 견해에 대해, "이름과 얼굴은 한 인간의 상징이지, 개별적 주체가 아니"라는 반론을 제기할 수 있다. 그러나 이 역시 완전하게 구체적인 답변이 되지는 못한다. 이름 자체가 유일무이한 것은 아니지만 얼굴은 그렇기 때문이다.

우리는 거울에 비친 자기 얼굴을 바라본다. 그것은 우리 개별성의 부분이다. 미술관에 전시된 초상화들은 대상의 얼굴과 손이 개별성을 드러내고 있음을 보여준다. 어느 초상화를 보고 우리는 그 사람이 어떻게 표현되어 있는지 인식한다. 물론 상징적인 초상화들도 있는데, 개별적 주체와 인간 사이의 구별을 중요하게 드러내는 왕의 초상화가 그렇다. 예컨대 루돌프 1세나 카를 5세의 초상화를 보면, 이 초상화들은 개별적 주체가 아니라 한 인간의 초상화이다. 그림의 대상은 왕으로서의 인간이다. 신분이 낮은 사람의 초상화나 렘브란트의 자화상을 보면, 사람은 자신과 다른 사람의 개별성을 표현한 것이라고 말할 수 있다.

그러면 무엇보다 유일무이한 자신만의 개별성이 있는 것일까? 우리는 그저 단순한 인간이 아니라, 우리 안에 수많은 '자아Selbst'를 갖고 있는 존재라는 문제로 되돌아가 보자. 어떤 남자가 자기 어머니와 함께 오페라 공연에 갔는데, 어머니가 농사일을 하던 옷을 그대로 입고 가자 창피함을 느꼈다고 하자. 그는 어머니의 복장이 비정상적이며, 창피하다고 생각한다. 양심적으로 그렇게 생각하는 것이 옳지 않다고 느끼지만 그럼에도 불구하고 그렇게 느낀다. 이 순간 그는 (어머니의 아들이 아닌) 다른 사람이기에 그렇다.

우리는 한 사람에 대해 다양한 관점에서 묘사하는 그림을 그릴 수 있다. 이 그림들이 비록 동일한 사람을 표현한 것이라고 알고 있지만, 그림들은 서로 다른 모습이다. 우리는 우리 자신을 올바로 알 수 없으며, 다른 사람도 마찬가지이다. 우리는 개별적 주체를 체계로서 파악할 수 없으며, 그저 어쩌면 이 개별성 가운데 적거나 많은 것만을 알고 있을 뿐이다.

그 이유는 무엇일까? 앞서 말한 것처럼 여기서는 감정이 작용하기 때문이다. 인간은 다양한 상황에서 각각 다르게 행동한다. 그 전에는 상상할 수조차 없었던 행동을 하는 상황에 빠지기도 한다. 그럴 경우 사람들은 완전히 정신 나간 행동을 하게 되고, 더 이상 자신을 인식하지 못할 지경에 이른 것이다. "그런 짓을 한 것은 내가 아니야, 그건 다른 사람 짓이야, 내가 다른 사람이 된 거지."

슈테판 츠바이크는 어느 날 밤에 일어난 이상한 이야기를 담은 단편소설을 쓴 적이 있다. 소설 속에서 아주 정숙하고 예쁜 상류 시민계급 집안의 어느 여성이 도박으로 돈을 잃고 절망에 빠진 한 젊은 남자를 만난다. 이 상황에서 남자를 구하기 위해 그녀는 그와 잠자리를 같이한다. 그녀로서는 상상조차 할 수 없는 일이었다. 그 일이 일어난 다음 그녀는 도저히 이해할 수 없었다. 그날 밤은 무언가에 홀린 밤이었다고, 자신은 절대 그런 상황에 빠질 사람이 아닌데, 완전히 정신 나간 행동이었다고. 우리는 양심과 부끄러움이라는 두 개의 도덕적 권위를 갖고 있다. 우리는 우리 자신의 인격성Persönlichkeit 속에 비도덕적 방식으로 구성된 훨씬 많은 층層들을 갖고 있다. 이것을 의식하지 않는다면, 우리 내부 안에서 그리고 비정상적 상황 속에서 그 많은 인격성들은 우리로 하여금 비정상적인 행동을 하도록 할 것이다.

격정에 관해 한 마디 더 덧붙이도록 하겠다. 어떤 이들이 용기 있는 사람인가? 두려움을 느끼지 않는다고 용기 있는 사람이 아니다. 아리스토텔레스 이래로 우리는 그 사실을 알고 있다. 용기 있는 사람은 정말 두려움을 느껴야 할 때, 특히 부끄러움 앞에 과감히 두려움을 느끼는 사람이다. 우리는 악한 짓을 하는 것, 다른 사람에게 악행을 저지르는 것을 두려워해야 한다. 도덕적 두려움을 느껴야 한다는 것이다. 전쟁터의 적군 앞에서만 두려움을 느껴선 안 된다. 그렇지 않으면 우리는 용기 있는 사람이 아니라 비겁한 사람이 될 것이다.

모든 상황에서 매번 용기를 가질 수 있는 사람은 단 한 명도 없다. 전장에서 대단히 용맹을 떨친 사람도 집에서는 비겁할 수 있다. 정치에서 대단히 용기 있는 사람도 사생활에서는 겁이 많거나 그 반대 경우일 수 있다. 용기 있는 사람은 모든 일에서는 아니지만 대부분의 상황에서 용기를 보이는 사람이다. 물론 어떤 상황에서 자신이 비겁하게 처신할지, 그런 상황이 닥쳐올지는 전혀 알 수 없다.

이 같은 사실은 모든 덕목과 악덕에도 해당된다. 용기를 가질
수 있지만, 자신의 덕목에 따라 당당히 행동할 수 없는 그런 상황
이 언제 일어날지는 전혀 모른다.

편견

2.

사회적·심리학적
관점에서 본
편견의 조건

계층화와 기능

- - - - - - - - - - - - - - -

니클라스 루만은 사회 체계의 분류 형태를 나누었는데 그 가운데 계층화에 따른 구분과 기능적 구분이 있다.

계층화에 바탕을 둔 사회는 어떤 사회인가? 한 인간이 세상에 태어나면 그는 구조화된 사회의 구체적 세계, 구체적 계층에 속한다. 예컨대 토착민과 이방인, 여자와 남자, 시민계급과 귀족, 주인과 농노를 비롯해서 그가 태어난 각각의 여러 계층에 속한다. 농노의 자녀는 농노로, 백작의 자녀는 백작으로, 시민계급의 자녀는 시민계급으로 태어나는 것이다.

계층화된 사회에서는 보편적 의미의 인간이 아니라, 특정 계층 내의 인간으로 태어난다. 이러한 의미에서 여자냐 남자냐 하는 것은 결코 성의 문제가 아닌 사회적 계층의 문제이다. 여자는 여자로 태어났기 때문에 그녀의 전 생애에서 특정한 역할을 한다. 계층화된 사회에서 이 역할은 당사자가 태어난 자리Ort에 따라 좌우된다. 그 자리는 한 인간의 숙명과 '운명'을 결정한다. 출생이 운명을 결정짓는다는 사실을 모두 인정한다. "내가 왕으로 태어 났더라면…"이라고 생각한 농노는 없었다. 그런 생각 자체가 너무 터무니없었기 때문이다.

특히 교회가 지배했던 중세 시대에는 유동성의 기회도 거의 없었다. 계층화된 사회에서 차라리 군대가 예외적인 조직이었을지 모른다. 모든 사람들은 규범과 규칙을 당연하게 받아들였고, 그래서 편견이라는 것은 존재하지 않았다. 모든 것이 태생적으로, 신에 의해 주어진 것이었다. 그것은 있는 그대로 존재하는 것이지 달라지는 것은 아무것도 없었다.

과거에는 수명도 짧아, 근대 초만 하더라도 기껏해야 30~40세밖에 살지 못했다. 살아가는 이 기간 동안 사람들은 규범과 규칙의 바뀜과 변화를 체감할 수 없었다. 계층화된 사회에서도 사실 모든 게 바뀌지만, 한 세대 동안 감지하지 못할 정도로 그 변화의 속도는 너무 더뎠다. 사람들이 사회 일부로 받아들이는 지향의 가치는 보편적으로 인정되었다. 좋은 것, 나쁜 것 그리고 아름다운 것, 그러한 문화 속에서 이 모든 것들은 모든 이들에게 확정된 것이었다.

그러면 우리는 어떤 것을 문화라고 생각하는가? 먼저 인류학적 문화 개념을 들 수 있다. 이러한 의미에서 문화는 한 사회의 가치와 규칙, 신앙, 영성과 결합된 그 사회의 관습과 도덕, 풍습의 총합이다. 모든 사회는 그런 문화를 갖고 있다. 모든 공동체, 집단, 혈족, 종족은 고유한 자신만의 문화를 갖고 있다. 인류학은 청소년 문화, 게토 문화, 시카고의 흑인 문화, 아프리카의 백인 문화에 관해 언급하고 있다.

또 다른 문화 개념은 '교양인' 개념에서 출발한다. 집단에 관한 문제만이 아니라, 어째서 소수의 사람만을 '개화된 교양인'으로 여기고 다른 사람은 그렇게 생각지 않는지에 대한 물음이 제기된다. 한나 아렌트가 이 문화 개념을 처음 적용한 것이 로마 문화였다고 한 것은 정당하다. 로마에서 교양인들은 그리스어를 사용하면서 그리스 작가와 철학자를 알고 있었다. 이들은 그리스 문화가 이탈리아 로마의 문화보다 훨씬 더 높은 수준이라고 생각했다. 자신들의 문화보다 다른 문화를 더 수준 높은 문화라고 생각한 사람들이었기 때문에, 이들이야말로 개화된 교양인이었다.

인류학적 의미에서 각각 다른 문화들은 서로 긴밀하게 연결되어 있다. 여러 문화 가운데 어떤 하나의 문화가 우월하다는 것이 밝혀지기도 한다. 이러한 의미에서 자신들의 세계에서 우월하다고 인정하는 문화를 인정하는 교양인도 있었다.

문화 공동체

문화 공동체들은 서로 완전히 고립되지 않으며, 친구와 적대자를 갖고 있다. 항상 '우리'만이 아닌 타자가 존재한다. 적대 세력은 일반적으로 자연적인 적대자들이며, 그래서 전통적으로 원래 그런 존재로 간주되었다. 하지만 이 적대자들은 대등한 존재로 여겨졌다. 옛 역사는 모두 자연적인 적대자들에 관해 언급하고 있다. 트로이와 그리스, 카르타고와 로마가 그러했다. 그래서 역사는 전시戰時의 동맹세력과 적대세력에 관한 언급이기도 하다.

전쟁은 아주 중요했다. 지금까지 전쟁을 겪지 않았던 사회는 없다. 전통 사회에서는 항상 전쟁이 있었다. 서로 전쟁하는 동안 적대자는 동등한 주체로 인정받았다. 전쟁에서 패하면, 승리한 문화는 그 우월성을 입증하려 했다. 그리스인들이 트로이에게, 로마가 카르타고에게 했듯이 말이다.

먼 옛날의 문화권에서 전쟁 포로는 없었다. 패배한 쪽의 사람들은 노예가 되거나 죽임을 당했다. 한 사회가 최후의 패배를 당하면, 그 사회는 말살되었다. 물론 그것은 제노사이드였으며, 그것은 자연스런 역사의 결말로서, 세계문학 역시 이 제노사이드와 함께 시작되었다. 트로이의 모든 남자들은 죽임을 당했고, 여자들도 전부 능욕과 죽임을 면치 못했다.

운 좋게 살아남은 사람들도 급속히 승자의 문화에 순응했다. 이렇게 동화된 사람들은 자신들의 종교, 언어, 관습을 포기하고 승자의 관습과 종교를 받아들였는데, 사회의 고위층들이 특히 그러했다. 동화의 큰 물결이 일었던 것은 알렉산드로스 대왕 이후부터였다. 알렉산드로스 대왕과 그의 후손들에게 정복된 모든 민족들은 그리스 문화에 동화되었다. 벌거벗은 채 목욕탕에 드나들고, 야외 원형극장에 가고, 그리스어를 사용하게 된 것이다.

동화 과정에서 특히 중요한 역할을 한 것은 언어였다. 언어는 이해를 위한 중요한 매개 가운데 하나였다. 두 사람이 서로 대화를 나눌 때, 그리고 서로 이해하는 것에 대해 말할 때, 핵심은 두 가지이다. 하나는 한쪽이 상대방이 말하는 것을 이해하느냐 하는 것이며, 두 번째는 상대방이 말하는 이유와 그 내용을 이해하고 있느냐 하는 점이다(동의 여부는 별개의 문제이다). 하나의 문화권 내에서 우리가 상대방을 어느 정도까지 실용적으로, 그러니까 우리 자신의 행동과 관련지어 이해하고 있음이 전제된다.

전통 사회에서는 상대방이 말하는 이유와 내용은 이미 문제가 될 수 있었다. 상호이해의 경계가 있는 것이다. 전통 사회에서는 이것을 보편적으로 인정했다. 사람들은 보편적 동기가 있고 그래서 어떤 동기가 있기 때문에 상대방이 하고 싶은 말을 하는 것이라 생각했다. 불확실하다면 사람은 불편함을 느낀다.

상대방을 이해하지 못할 때 이상하다는 느낌을 갖게 되고, 그가 말하는 이유와 내용을 이해하지 못하면 이상하다는 느낌을 더 갖게 된다. 상대방이 거짓말을 하거나 우리를 농락하려는 것은 아닌지 모를 때에도 이상하다고 느낀다.

전통적인 사회는 다른 문화와 교류하는 과정에서 이상하다는 감정을 느꼈다. 이것은 이해의 문제이다. 말로 이해가 되지 않아 상대방을 이해하지 못할 때, 이상하다는 느낌이 든다. 오늘날에도 다른 사람이 다른 언어로 말하는 것을 듣고 이상하다고 생각하는 사람들이 있다. 이들은 무엇이 문제인지, 혹시 사람들이 자신에 대한 말을 하는 것은 아닌지 알지 못한다. 이들은 더 이상 세계를 이해하지 못하는 것이다.

우리는 다른 사람의 생각, 다른 사람의 머릿속에 무엇이 들어 있는지, 왜 그런 말을 하는지, 무슨 말을 하는 것인지 이해하지 못한다. 그것은 인류학적 의미에서 타자의 문화가 서로 다르며, 관습도 다르기 때문이다. 어쩌면 우리가 통역사를 통해 듣는 말도, 그들의 문화권에서는 우리 문화권에서와는 다른 의도가 있는 것은 아닌지 모를 일이다.

한 집단 내에서도 언어는 이해의 매개인 동시에 인과성의 매개이다. 우리는 상대방이 이야기하는 이유와 내용을 추정할 수 있다. 낯선 문화권에서는 비록 번역된 것이지만 상대방이 어떤 텍스트에 어떤 의도를 담고 있는지 불확실하다. 그러므로 다양한 문화권의 사람들이 서로 이해할 수 있는 것은 표정뿐이다. 이 표정

편견

은 보편적이며 모든 문화의 유일한 공동의 언어이다. 우리가 미소를 지으면 상대방은 그것이 우호의 표현임을 알 수 있다.

다른 사람이 무슨 말을, 왜 하는지에 대한 이해의 문제는 편견의 전제조건 가운데 하나이다. 편견은 우리가 전혀 모르는 상태에서 다른 사람으로부터 추측하는 것 그리고 다른 사람을 전혀 이해하지 못한 채 판단하는 것과 관련이 있다. 이해하지 못하는 문제는 인간의 역사만큼 오래되었지만, 정확히 알기 전에 혹시 그것이 부정적인 뜻은 아닌지, 그렇게 판단하는 것은 근대의 현상이다.

일상에서 우리는 실용적으로 행동한다. 즉 우리는 어떤 것이 존재하는 이유를, 그 문제를 어떻게 다루어야 할지 알기 위해 알려고 하지 않는다. 이러한 실용적 태도는 편견이 개입될 경우 사실 위험할 수 있다. 그리고 우리는 실용주의적 관점에서 도움이 된다고 여기는 기존의 판단을 받아들이는 경향이 있는데, 다른 사람의 입장에서 이것은 위협이 될 여지가 있다.

과잉 일반화와 스테레오타입

과잉 일반화Über-Verallgemeinerung와 스테레오타입이 없다면 우리는 살아갈 수 없다. 이를테면 우리는 어떤 사람들에 대해, 그들을 사람이 아니라 유형들Typen로 인지하도록 합리화하는 몇 가지 견해들을 갖고 있다. 사람들은 서로 다르기 때문이다. 사회 역시 각각 다르기 때문에 특정한 구체적인 모습의 사회상이 아니라 사회 유형으로 인식한다. 막스 베버가 '이상형들Idealtypen'이라고 일컬었던 이 유형학과 유형들은, 그 이후에 '편견'이라고 부르는 '과잉 일반화', 상황들과 인간의 공동의 삶에 대한 도식화이다.

우리 모두는 이러한 과잉 일반화를 적용한다. 어렸을 적에 우리는 대부분의 경우 전혀 그 말이 들어맞지 않음에도 열이 나고 찬 것을 마시면, 병에 걸릴 것이라는 말을 들어 왔다. 우리 모두는 보편화시키지만 모든 경우에 적용할 수 없는 경험들을 갖고 있다. 하지만 우리는 반드시 그대로 하는 경향이 있다. 그것이 실용적이며 유용한 것처럼 보이기 때문인 것이다.

남자들은 여자들이 이해할 수 없는 존재라고 종종 말한다. 그리고 여자들도 남자를 이해할 수 없다고 말하곤 한다. 남녀는 각각 다른 성에 대해 보편적 관념을 갖고 있으며, 이것은 지금도 여전하다. 이것이 '과잉 일반화'이며, 이를 구체적 상황에 적용하면 편견이 된다.

이러한 과잉 일반화 혹은 정형화Typisierung를 우리는 예컨대 위트에서도 찾을 수 있다. 위트에서 특정한 역할을 하는 전형적 인물들이 있다. 어떤 이름을 들으면 그 사람의 특성에 대해 말하고 있음을 알게 되는 경우가 있다. 독일인이 프랑스인, 프랑스인이 독일인, 영국인은 독일인, 헝가리인이 귀족이나 유대인에 대해 하듯 말이다. 위트가 표현하는 사람의 특성은 당연히 과잉 일반화이다. 그리고 그것이 어떤 역할을 하는지 알고 있다. 우리는 어떤 것을 이해하기 위해 다양한 도식을 적용한다. 여기서 핵심은 편견이 아니라, 방향성 설정의 대상인 세계를 이해하려는 소망이다. 아울러 과잉 일반화는 우리에게 도움을 준다. 일기예보 역시 그러하지만 그것은 편견과는 전혀 무관하다.

우리는 항상 이유를 묻는다. 거의 모든 상황에서 우리는 왜 그 일이 일어났는지 알고 싶어 한다. 그 때문에 우리는 누군가 우리 자신에게 해를 끼치고 있다고 생각하는 경우가 참으로 많다. 데스데모나의 아버지는 자기 딸이 흑인 오셀로와 사랑에 빠질 수 있다는 것을 상상조차 할 수 없었다. 누군가 의도를 갖고 마술을 부려 그녀를 파멸로 치닫게 하려고 꾸민 짓이라 생각한 것이다.

질병이 생기고 우물에서 썩은 냄새가 진동하면 사람들은 어떤 사람이 우물에 독을 풀어 놓았을 것이라 믿는다. 우연히 그런 일이 발생할 리 없으니 범인이 있으리라는 생각이다. 우리는 어떤 섭리를 추측해 본다. 그것이 바로 가장 단순한 인과론적 설명이기 때문이다. 어떤 일이 벌어졌는데 당연한 원인을 발견할 수 없을 때, 인간 혹은 신의 뜻이 그 속에 내재되어 있다고 말이다.

기적 역시 저절로 일어나는 것이 아닌 어떤 존재에 의해 이루어진 일이라 믿는다. 우리의 적이 죽었다면 그것은 누군가 그를 독살한 것이고, 우리의 적이 승리를 거두었다면 누군가 그에게 승리를 선사한 것이다. 천둥 번개를 내리치는 신이 있는가 하면, 어떤 신은 수확물을 보호해 주고, 예쁜 자녀를 선물로 주는 신도 있다. 모든 신들은 각각 우리를 위해 떠맡은 역할들이 있다. 이것이 바로 우리가 아들이건 딸이건 자식을 낳거나, 혹은 우리에게 자식이 생기지 않는 이유들이다. 항상 우리가 예측하지 못하는 일들 뒤에는 이런 섭리가 숨어 있다.

동화, 이질화 그리고 문화적 기억
- -

동화Assimilation는 일반적으로 더 높은 수준의 문화에, 예컨대 고대 그리스 문화처럼 수준 높다고 생각하는 문화에 순응하는 것이다. 반면에 전혀 다른 이질화Dissimilation 현상도 얼마든 가능하다. 예를 들면 유대인들은 로마 점령기에도 그리스어를 사용했다. 이집트인들 역시 그리스 문화에 흡수되지 않고, 자신들만의 고유한 문화 전통으로 되돌아갔다.

문화적 기억과 기록은 동시에 중요한 역할을 행사한다. 사회의 몇몇 소수 계층만이 쓰고 읽을 수 있고, 독해하고 해석할 수 있는 전승傳承만 있었다면, 지배 계층이 기억을 독점했을 것이다. 그렇게 되면 이집트인의 경우처럼 이질화가 생길 것이다. 반면 기록된 전통이 없는 문화들은 이질화를 겪을 일도 거의 없을 것이며, 오히려 쉽게 동화될 것이다.

로마제국에 의해 점령당한 게르만 민족들은 문화적으로 굴복하여, 전부는 아니지만 로마-기독교 문화에 동화되었다. 얀 아스만은 다신교多神敎 전통을 가진 사회는 신들이 서로 비슷하기에 아주 수월하게 동화가 이루어졌다고 밝히고 있다. 하나의 신은 또 다른 신으로 대신할 수 있기 때문이었다. 그러나 게르만 민족은 유일신을 믿는 기독교 문화를 순순히 자신들의 문화 속으로 받아들이지 못했다. 여러 신을 믿는 종교의 잔재들이 '미신'의 형태로 보존되었다.

기록이나 구전口傳으로 전해지는 기억들도 우리 자신의 문화 세계에 속한다. 우리는 이것을 참된 것이라고 생각하는데, 그것은 결코 편견이 아니다. 사유와 창작의 다양한 영역 속에는 서로 다른 진리의 기준들이 있다. 현대 과학에서 판단은 오류를 검증받아야 진리로 인정받는다. 물론 예술에서의 진리에는 이것이 적용되지 않는다. 누군가 어떤 예술을 보고 진리라고 생각한다면 그것은 주관적 판단의 일반화이다. 예술작품을 아름답다고 느끼고 아름답다고 말한다면, 그것은 계시화啓示化된 진리이다. 모든 종교적 진리는 계시적인 진리이다. 즉 이 말은 종교적 진리가 오류를 검증받든 받지 않든 그것과 상관없는 진리라는 의미이다. 이 진리는 종교 내부적으로 확증된 것이지, 오류를 검증받아야 하는 것은 아니다. 철학적 진리도 이와 마찬가지로 오류를 검증받아야 하는 것이 아니다.

사유와 창작의 다양한 영역 속에서 진리는 대단히 다양하다. 한 사람이 어떤 그림을 보고 아름답다고 말했다고 그것이 편견은 아니다. 그러자 또 다른 사람이 그림을 보는 안목이 형편없다고 말했다 하더라도 그 말이 그림에 대한 그의 본래의 판단을 무너뜨리지 않는다. 다른 사람의 지적 때문에 아름답다고 느낀 사람에게 그 그림이 추한 것으로 여겨지지 않는다는 것이다.

이것은 철학에서도 마찬가지이다. 칸트주의자에게 칸트는 이 세상에서 가장 위대한 철학자이다. 헤겔주의자가 칸트는 모든 것을 올바로 이해하지 못했고 헤겔이 더 잘 이해했다고 주장했다고 해서 칸트주의자가 혼란을 느끼지는 않는다는 것이다.

이해와 안정

이 세상을 이해하지 못한다는 느낌이 들면 우리에게는 불안이 엄습한다. 타인을 이해하지 못할 때에도 우리는 불안해한다. 누가 진실을 말하는지, 거짓말을 하고 있는 것은 아닌지, 그 사람이 좋은 친구인지 사기꾼인지 모를 때 우리는 불안한 감정을 갖게 되고 '진실'을 알고 싶은 마음이 든다. 여기서 문제는 철학적·예술적 혹은 종교적 진리가 아니라, 실존적 진실이다. 우리는 삶에서 정녕 중요한 무언가를 알고자 한다. 병원에 가서 죽을지 모른다는 불안감이 들면, 의사에게 이렇게 말하곤 한다. "의사 선생님, 제발 진실을 말씀해 주세요!"

진실을 알고 싶은 마음은 실존적 차원의 문제 제기이며, 불안정은 심리적 문제이다. 불안한 느낌이 들 때 우리는 안정감을 느끼기 위해 검증되지 않거나 검증할 수 없는 판단을 받아들인다. 에리히 프롬은 『자유로부터의 도피』라는 제목의 책을 기술한 바 있다. 인간은 자유에 대한 두려움을 갖고 있다. 자유는 책임을 지는 것, 불안정을 의미하기 때문이다.

자유가 없다면 안전하다. 자유로움을 갖지 않은 상태에서는 다른 사람이 자기 생각을 대신하기 때문에 진리가 무엇인지, 정의로운 것이 무엇인지 선택하거나 생각할 필요가 없다. 우리가 어떤 편견을 받아들이면, 다른 사람이 우리를 위해 생각해 줄 것이고, 우리는 그 편견들을 검증할 필요가 없다. 왜냐하면 다른 사람의 생각에 따라 사유하는 것이 편하고 안전하기 때문이다. 그것이 또한 우리에게 안정을 부여한다.

의심은 불안정을 동반한다. 우리가 안전하다고 느끼는 상황이 없으면 우리는 세계에 대한 우리의 앎을 잃게 되고 이 세상을 더 이상 이해하지 못한다. 이것은 프리드리히 헤벨의 극작품 『마리아 막달레나』에 나오는 대사이다. 이 드라마에서 한 소녀가 임신을 하게 되는데, 그녀의 아버지가 보기에 그것은 세상에서 가장 큰 죄이다. 결국 그의 편견은 끔찍한 결말로 치닫게 되었고, 그는 이렇게 말한다. "이 세상을 도무지 이해할 수 없어."라고. 그의 편견이 어떻게 그런 무서운 결과를 낳을 수 있었을까?

사람은 누구나, 삶 속에서 안정감을 잃은 것은 아닌지 불안함을 느낀 경험이 있을 것이다. 이를테면 자유에 대한 두려움은 관습을 잃을지 모른다는 두려움이다. 그로 인해 불안정한 마음이 들기 때문이다. 옳고 그른 것이 무엇인지, 해야 할 것과 판단의 방법을 우리에게 알려 주는 것이 관습이다. 이런 관습과 단절하고, 이도 맞고 저도 맞을 수 있을 거라는 말을 들으면, 우리의 전통이 좋은 게 아니고 우리가 믿는 진리가 참이 아니라면 말을 들으면, 어떻게 그 상황에 우리 자신이 가야 할 방향을 둘 수 있을까?

사람들이 수많은 편견을 갖게 되는 심리적 조건이 바로 불안정이다. 편견은 우리에게 안정감을 준다. 우리는 프랑스인과 영국인, 남성과 여성, 다양한 인종과 문화에 대해 어떤 생각을 갖고 있는지 알고 있다.

이른바 문화 상대주의, 즉 서로 다른 문화들이 모두 동등하게 중요하고 흥미로우며 좋다는 생각은 불안을 유발한다. 다른 문화, 다른 행동양식이 우리의 그것과 똑같이 좋은 것이고, 다른 문화권의 신이 우리가 믿는 신과 똑같은 신앙의 대상이며, 그들의 문학이 우리의 문학과 똑같이 훌륭하다면, 우리는 대체 무엇인가? 그렇다면 우리는 우리 자신의 문화에 대해 하등 일치감을 느낄 수 없을 것이다. 그것은 그저 상대적 가치만 갖고 있다는 의미이다. 우리는 이를 긍정적일 뿐만 아니라 부정적으로 생각할 여지가 있다. 계몽주의 시대에 이것은 아주 핵심적인 문제였다. 유럽의 기독교 문화와 윤리가 상대화될 수 있었기 때문이다.

책임으로부터의 도피
- -

모든 사람들은 좋은 사람이 되고 싶어 한다. 셰익스피어의 리처드 3세를 제외하고, 나는 악한 짓을 저지르겠다고 결심한 사람을 보지 못했다. 사람들은 모두 자기는 선한 사람이며, 다른 사람보다 나은 사람이라고 생각한다. 만약 나쁜 짓을 저질렀다면,

그것은 다른 사람이 시켜서, 다른 사람 때문에 한 것이라고 합리화한다. 그런데 이것은 사실 책임회피이며 편견의 심리학적인 기본조건이기도 하다.

예를 들어 좋지 않은 결과가 나왔을 때, 그 결과에 책임이 있다고 말할 수 있을까? 이 물음에 대해 아리스토텔레스는 예측할 수 있는 결과에 대해서는 의당 책임을 져야 한다고 대답한다. 그럼에도 불구하고 사람들은 예측 가능한 행동의 결과에 대해서도 아무런 책임을 지지 않으려고 한다. 이들은 좋은 사람이 되고 싶어 하지만, "나는 어떤 악한 짓도 전혀 저지르지 않았습니다. 그건 다른 사람이 한 일입니다."라고 말한다.

키에르케고르는 "무지는 죄가 아니"라고 말한 바 있다. 아무것도 모르는 사람은 아무 죄도 없다. 무언가를 알고 있는 사람은 자기 잘못에 대해서도 아는 사람이다. 이런 의미에서 편견을 가진 사람은 무지한 사람이다. 이들은 사실 아무것도 모르면서 알고 있다고 믿고 있는 사람이다. 이들의 '앎'은 결코 진정한 앎이 아니다.

인간은 나약하기 그지없는 피조물이며, 삶은 고된 활동이다. 우리는 살아남아야 한다. 살면서 보고 싶지 않은 수많은 갈등이 있다고 느끼는 경우가 종종 있다. 사람들은 자기 인생길이 더 평탄하게 되길 바라는데, 편견이 그렇게 만든다. 우리는 항상 올바른 일을 했고, 언제나 바른 길을 걸었으며, 또 착하게 살았다는 마음을 갖기 쉽다. 나쁜 짓을 저질렀을 때, 우리는 상대방에게 용서를 구한다. 그것은 우리가 우리 스스로에게 방향의 초점을 두고 있음을 의미한다.

정체성

우리는 두 개의 상이한 정체성을 갖고 있다. 인간적 정체성은 집단 정체성으로, 예컨대 특정 종교를 믿는 학생이 그 종교에 속한 특정 대학에 진학하는 경우가 그것이다. 개별적 정체성은 그 사람만이 갖고 있는 고유한 특성Einzigartigkeit과 연관된 것으로, 이것은 우리의 기억을 바탕으로 한다. 사람들이 자기가 행한 일, 자신과 관련된 문제를 떠올리면, 이 기억들을 자신과 타인의 이야기로 현재화한다. 이 과정에서 자신이 더 나은 모습으로 비춰지기를 바라고 있다.

다양한 기억들의 조합은 목적론적으로 이루어진다. 과거 역사 속 이야기의 대상인 우리는 그 자체 목적이며, 다른 사람이 우리를 보는 것보다 우리 자신의 모습이 더 좋은 모습으로 비춰지기를 원하고 있다. 이 역시 편견의 전제조건이다. 우리는 다른 사람과 같은 관점에서 우리 자신을 보지 않는다. 또한 우리는 다른 사람들이 그들 자신을 보는 것과 같은 관점으로 그들을 보지 않는다. 이러한 성향은 집단 정체성에도 해당된다. 프랑스 사람은 프랑스 사람들에 대해 영국 사람들과 똑같이 생각하지 않는다. 물론 꼭 그런 것은 아니다. 어쩌면 더 좋게 생각하거나 나쁘게 여길지 모른다. 여성들은 남성들이 여자에 대해 생각하는 것과 똑같이 그들 자신에 대해 생각하지 않고, 남성들 역시 그러하다. 이것은 인간적 정체성이기도 하다.

내가 나 자신에 대해 갖고 있는 생각은 다른 사람과 똑같은 관점이 아니다. 다른 사람 역시 그들 스스로에 대해 나와 똑같은 관점에서 생각하지 않는다. 이것도 하나의 편견이다. 물론 항상 그런 것은 아니다. 우리는 대부분 우리 자신을 다른 사람보다 더 좋은 사람이라고 판단한다. 루소의 자서전에서 눈에 띄는 내용은 루소가 거짓말을 아주 많이 했다는 사실이, 그것도 자기가 실제보다 훨씬 더 나쁜 사람이었다는 식으로 기록되어 있다는 점이다. 어렸을 적에 여러 차례 도둑질을 했다는 내용이 흥미롭다. 한 나라와 문화의 역사 역시 이런 방식으로 기술되고 있다.

예를 들면 헝가리는 역사적으로 여러 나라들과 많은 점들을 공유하고 있지만, 동일한 역사적 사건에 대해 슬로베니아, 슬로바키아, 세르비아 그리고 오스트리아 교과서에 서술된 내용은 헝가리 교과서에서 언급된 내용과 전혀 다르다. 학생들은 동일한 사건, 전쟁, 평화협정을 전혀 다른 내용으로 배우고 있는 것이다. 이 역시 편견과 밀접한 관련이 있다. 각 민족 역시 다른 민족과는 다른 관점에서 자신들을 바라본다.

여기서 편견은 무엇 때문에 형성되는가? 자기 확신에 도움이 되기 때문인가? 단순히 자신들이 나쁜 사람으로 규정되는 것이 싫어서일까? 이러한 물음들은 사람 개개인의 영혼 깊숙한 곳에 잠복되어 있다. 부부 싸움을 하고 난 다음, 남편과 아내는 서로 다른 방식으로 싸움에 대한 기억을 떠올린다. 부부는 동일한 갈등 내용을 전혀 다른 이야기로 옮기는 것이다. 두 사람 모두 자기 정체성을 보존하려는 심리적 욕망을 갖고 있다. 따라서 여기서는 개인적 정체성이 아니라 개별적 정체성을 의미한다.

공동체들도 개별적 정체성, 그들 고유의 역사, 고유의 기억과 신화를 갖고 있는데, 타 민족과의 관계와 연관된 경우라면 이 개별적 기억들은 전혀 다른 기억으로 나타난다. 독일과 프랑스는 프로이센-프랑스 전쟁에 대해 틀림없이 서로 다른 기억을 갖고 있을 것이다. 모파상의 작품을 읽는 것은 프랑스 사람의 기억을 읽는 것이지만, 독일 사람의 관점에서 기술된 기억들도 있을 것이다.

여기서 우리는 편견의 중요한 심리적 전제조건 하나를 이해할 수 있는데, 사람들은 그들 자신을 확인하려는 욕망을 갖고 있다는 사실이 그것이다. 사람들은 분열된 정체성이 아니라, 통일적인 정체성을 희구한다. 살아갈 수 있으려면 가능한, 하나가 되어야 하기 때문이다. 인간은 원래 자신을 기만하는 존재라고 말하지만, 나는 이 상황에서는 거짓이라고 말하고 싶지 않다.

우리가 어떤 것을 알고 있음에도, 특정한 이해 때문에 다르게 말하는 경우를 거짓이라고 한다. 종종 일어나는 경우이기도 하지만 우리가 스스로를 기만하는 것은 우리의 개별적 정체성을 지탱하기 위함이다. 물론 자기 자신을 속이는 것은 매우 위험하지만, 그것을 완전히 피할 수는 없다.

트라우마

편견의 또 다른 심리적 전제조건은 트라우마Trauma이다. 트라우마에는 개인적 트라우마와 집단적 트라우마가 있다. 개인적 트라우마는 사람들이 잊고 싶어도, 잊을 수 없는 충격을 뜻한다. 사회적 트라우마는 예컨대 전쟁에서의 패전과 같은 것이다. 홀로코스트도 하나의 트라우마이다. 이 모든 트라우마에서 심각한 문제는 자신의 정체성이 흔들리고 심지어 달라진다는 것이다.

사람들은 개인적 트라우마를 잊으려 한다. 이것은 자기 정체성의 본질적 측면 하나를 망각하는 것을 의미하는데, 트라우마라는 것이 개인적 주체성에 속하기 때문이다. 트라우마를 겪게 되면, 당사자에게 그 경험은 그의 본질Wesen이 된다. 그렇기에 트라우마는 반드시 극복해야 한다.

트라우마를 극복하는 것은 그 트라우마에 대해 이야기하는 것으로부터 시작된다. 트라우마에 대해 입에 올릴 수 없다면, 정신적 후유증을 동반하는 당사자 개인의 큰 비극으로 이어질 우려가 크다. 트라우마에 대해 과감히 이야기하는 것이 트라우마를 극복하는 첫 단계이다.

『돈 조반니』에서 돈나 안나는 돈 조반니에게 성폭행당할 뻔한다. 그녀는 트라우마를 겪고 그에 대해 어떤 이야기도 하지 못한다. 돈 조반니의 목소리를 듣게 되자, 돈나 안나는 자기가 겪은 사건을 이야기한다. 이것이 그녀가 트라우마를 극복하는 첫 단계이다. 그렇지만 이제 겨우 첫 단계를 밟았을 뿐, 두 번째 단계, 즉 성관계에 대한 불안을 그녀는 극복할 수 없었다. 트라우마의 후유증을 이겨 내는 것이 트라우마를 극복하는 두 번째 단계이다.

트라우마의 극복도 편견의 전제조건일 수 있다. 솔직한 방식이든 그렇지 않은 방식이든 사람들은 트라우마를 극복할 수 있다. 트라우마에 대해 솔직하게 말하거나 그렇지 않게 말할 수도 있다는 의미이다. 우리는 어떤 사건을 기억나는 대로 이야기하려 한다. 그럼에도 일어나지 않은 내용을 덧붙여 사건을 다소 다르게 이야기할 수도 있다. 특히 이것은 집단적 트라우마에서 자주 나타난다.

합스부르크 군주국이 붕괴된 이후 오스트리아가 소국小國으로 전락한 것은, 오스트리아 사람들에게는 하나의 트라우마였다. 그러나 이 트라우마에 대한 이야기는 편견과 결합되고 말았으며,

그 종착점이 오스트리아 파시즘인 돌푸스 정권이었다. 이 과정에서 트라우마 경험은 진솔한 방식으로 언급되지 않았다. 트라우마에 대한 이야기가 거짓으로 꾸며질 경우, 트라우마 극복 역시 좋지 않은 결과를 낳는다. 즉 다양한 편견을 낳는 산실産室이 되고 만다는 것이다. 이것은 개인적 트라우마나 집단적 트라우마 모두 해당된다.

우리는 옳지 않은 짓을 바라지는 않지만, 책임지려 하지 않고 다른 사람에게 그 책임을 떠넘긴다. 우리는 언제나 깨끗하고, 다른 사람은 항상 더럽다고 여기곤 한다. 편견은 바로 이러한 토대 위에 생성되고, 견고한 것이 된다.

상상력과 투사投射

편견의 심리적 전제조건이 또 있는데, 그것은 상상력이다. 우리는 생각하고 말하는 능력을 갖고 태어났다. 우리가 인간인 것은 생각하는 존재이기 때문이다. 생각이야말로 인류의 가장 핵심적 특성이다. 의지는 생각과 목표 설정의 표현이다. 생각하는 존재만이 목표를 설정한다. 투사Projektion의 능력도 생각에 속한다. 그렇기 때문에 우리는 목적에 도달하기 위해 목표를 정하고 수단을 선택한다.

상상력에 대해 말할 때, 우리는 생각에 대해서도 이야기해야

편견

하는가? 이미 우리는 이른바 '상상력'이라고 부르는 선험 능력 Apriori-Fähigkeit을 갖고 세상에 태어났을 것이다. 이 능력은 개념적 의미의 관념적 사유와는 다르다. 『순수이성 비판』 초판본에서 칸트는 개인의 경험에 앞서 이미 존재하는 선험 능력으로 상상력을 언급하고 있다.

인간은 태생적으로 논리적 사고력을 갖고 있어서 범주 속에서 사유한다. 정체성이라는 명제는 우리 의식 속에 타당한 개념이다. 이 모든 것이 우리에게는 선험적인 것, 즉 태어나기 전부터 우리의 능력으로 제시된 것이다. 마찬가지로 상상력 역시 우리에게 태생적으로 주어진 능력이다. 쉬운 예로 우리는 모두 꿈을 꾼다.

꿈속에서 개념의 범주는 적용되지 않는다. 꿈속에서는 시간도, 공간도, 의식적 삶이라는 의미의 시간성도 없다. 예컨대 우리는 500년 전에 죽은 사람과 대화를 나누기도, 같은 시대의 다른 공간에 살 수도 있고, 꿈을 꾸는 동안 공간이 바뀌기도 한다.

꿈에서는 "A는 A이고 B는 B"라는 개념적 사고는 무효화된다. 의자는 의자지만 아닐 수 있다. 의식적인 생활 속에서 제3의 가능성은 존재하지 않으며 다른 생각을 할 수 없다. 그러나 꿈속에서는 개념적 사고라 일컫는 논리적 형식이 현존하지 않는다. 그곳에서 의자는 나무가 될 수도, 불은 물이 될 수 있다. 개념적이고 확정된 자연법이 적용되지 않는 것이다. 사람이 비행기에서 떨어졌는데도 죽지 않는다. 정체성과 모순, 시공간의 법칙이 없다.

꿈속에서는 논리적 범주들 간의 차이도 없다. 개연성, 확신, 가능성들이 전혀 다르지 않다. 우연과 필연 간의 차이도 없다. 이 꿈 속에서 활동하는 것은 상상력이다. 꿈을 만드는 것은 판타지이며, 그렇기에 꿈속에서는 무슨 일이든 일어날 수 있다. 죽은 사람이 살아나고, 신과 대화도 가능하다. 수영하지 못하는 사람이 헤엄칠 수 있으며, 불에 들어가도 타 죽지 않는다.

사유와 상상력은 서로 밀접하게 연관되어 있다. 상상력이 만들어낸 것을 인간의 사유가 넘겨받는다. 인간의 사유가 만들어낸 것은 상상력에 의해 받아들여진다. 그러면 이것은 어떤 형태의 편견일까? 예를 들면 우리가 어떤 사람을 떠올리는데, 구체적으로 그가 마법사라면, 우리의 상상력은 그 개념에 집중하게 된다. 즉각 우리는, 마법사는 불을 물로, 개구리를 왕자로 변하게 만드는 등 모든 것을 만들 수 있다고 상상한다. 이 상상력은 마법사라는 개념에 의해 구성되고 이로써 모든 개연성이 시작된다.

적군敵軍, 남자, 친구, 유대인, 흑인, … 이것들은 주관적 개념이다. 그러나 상상력이 이 개념들과 결합하면 이 개념에 대한 모든 생각을 떠올릴 수 있다. 상상력은 생각을 이 방향 혹은 저 방향으로 이끈다. 그렇기 때문에 상상력은 편견에서 중요한 기능을 한다.

아내가 남편에게 "이 나쁜 놈, 끔찍한 놈아! 당신이 나한테 사기 치는 꿈을 꾸었단 말이야!"라고 하면, 남편은 "당신이 꿈을 꾼

편견

거야, 그건 내가 아니라구!"라고 응수할 것이다. 우리가 어떤 꿈을 꾸고 난 후에 그것을 실제 현실로 믿는 경우도 있다. 우리의 꿈은 그와 전혀 상관없는 사람들에게도 투영된다.

투사와 상상력은 이런 방식으로 서로 밀접하게 연결되어 있다. 우리가 계획하고 소망하는 어떤 것을 다른 사람에게 투영할 경우, 이것을 프로이트의 의미에서 '투사'라고 한다. 편견에 관한 내용에서 살펴보겠지만, 투사는 편견의 필수조건이다.

3.

어째서
근대에 이르러
편견이 생겨났는가?

편견은 어째서 근대에 이르러 급속히 발전했는가? 달리 말하면, 어째서 사람들은 근대 시대의 편견에 관해서만 이야기하는 것인가? 물론 그전에도 공동체나 종교 내부에서 여러 판단들이 있었으나 그것들은 당연한 것으로 승인받았으며, 편견이라고 낙인찍히지는 않았다. 부정적으로 보면, 이 판단들은 검증되지 않았고 검증할 필요도 없었다. 그 판단들은 그대로 미리 규정된 것들이었다. 오늘날 우리는 검증되지 않은 판단들은 해악이 될 수 있다고 전제한다. 따라서 그 판단들을 검증하거나 그럴 수 없다면 단념해야 한다. 그렇지 않으면 그것은 소위 편견이라는 비판을 면키 어렵다.

편견의 문제는 18세기, 즉 계몽주의 시대에 비로소 나타났다. 그러나 이 개념이 전개되는 전제조건은 무엇이며 어째서 편견이 그 당시 핵심적인 화두로서 부각되었을까?

무엇보다 미래에 대한 투사가 가능해졌기 때문이다. 흘러간 사회는 현재로 이어 주는 사회적·역사적 과거일 뿐이다. '미래'라는 개념과 관련하여 사람들이 생각한 것은 천년왕국설이나 영혼의 죽음, 지상의 파라다이스뿐이었지, 사회적인 의미의 미래, 사회현실로서의 미래는 아니었다.

새로운 유형의 사회의 발전이라는 이상이 처음으로 계몽주의에 이르러 실질적이며 보편적으로 정립되었다. 이제 미래는 사회적인 의미에서 현재와 다른 것, 더욱 중요한 것으로 여겨졌다. 우리는 오늘을 미래 발전을 위한 발판으로 삼을 수 있고 또 그래야 한다. 우리 행동이 미래의 특성과 질質에 영향을 끼친다. 우리는 미래를 창조할 수 있다. 우리는 사회적 존재이며, 또 다른, 더 나은 미래를 여는 일을 한다.

그리하여 역사 속에서 '진보'라는 개념이 생겨났다. 이것은 원초적이며 단순한 방법으로 시작되었으나, 사회는 점점 더 복잡해졌다. 우리는 오늘날 대단히 복합적인 사회에 살고 있으며, 도래할 사회는 당연히 지금과는 다른, 더 나은 사회가 될 것이라 생각한다. 사람들의 삶이 더 나아질 것이며 현재의 문제들은 해결될 것이라 믿는 것이다.

이와 발맞추어 '유토피아'에 대한 생각도 달라졌다. 옛날의 유토피아는 과거 속의 유토피아였다. 즉 옛날 사람들이 생각한 유토피아는 전쟁이 없는 평화로운 상태에서 사는 황금시대, 놀고먹는 유유자적한 세상Schlaraffenland, 사유재산이 없는 시대였다. 그런 세상에서는 빈자貧者도 없고, 모든 사람이 세상 정원의 과실을 따 먹는 세상, 쉽게 말하면 에덴동산이었다. 그런데 이제 관점이 바뀐 것이다.

사람들이 희구하는 아름다운 사회는 우리 뒤에 있는 것이 아니라 우리 앞에 있다. 중요한 것은 우리의 미래이다. 그래서 지금 여기서jetzt und hier 미래를 위한 조건들을 만들어 내야 한다. 현재까지 우리가 성취해 놓은 것이 없다면, 긍정적인 미래는 없다. 그래야 지금 우리에게 당면한 문제들이 해결될 것이다. 우리는 이미 더 좋은 미래, 더 나은 미래를 위해 성취할 수 있는 수단을 갖고 있다. 우리는 미래가 어떤 모습이어야 할지를 구상해야 한다.

일찍이 1516년에 토머스 모어는 『유토피아』에서 이상적인 사회상을 기술한 바 있다. 그런데 그가 묘사한 '유토피아'는 다른 시대가 아니라, 다른 공간에 있는 가상의 섬나라였다. 토머스 모어는 그 어떤 세계도 우리가 사는 세계와 똑같은 방향으로 가지 않고, 다른 세상 사람들은 다른 방식으로 살고 있다고 생각했다. 그 이후부터, 유토피아 개념은 허구적이지만 긍정적인 사회를 묘사하는 모든 작품에 응용되기 시작했다.

19세기 초 유토피아는 당대 현실의 기반 위에 있었다. 즉 현실을 토대로 전혀 다른 더 나은 세상을 확립해야 할 사회로 본 것이다. 샤를 푸리에는 문명과 대립된 사회상으로서 조화로운 사회의 비전, 노동이 즐거움이 되고 자유로운 사랑이 일상화된 생산 공동체 구상을 펼쳤다. 반면 앙리 드 생시몽은 기술이 모든 문제를 해결해 줄 것이라 생각했으며, 생산 중심의 새로운 사회체계 개편을 봉건주의에서 산업화로 넘어가는 과도기라고 보았다. 이 구상은 카를 마르크스의 유물론에도 영향을 끼쳤다.

이 세계가 발전한다는 생각이 없다면 편견도 없었을 것이다. 그때부터 비로소 낡은 것과 새로운 것 사이의 갈등이 빚어졌다. 이제 오래된 판단들은 미래 세계를 실현하는 데 방해가 되기 때문에 편견으로 치부되었다. 사람들은 새로운 판단들을 기초로 하여 실제적인, 멋진, 새로운 세상을 건설할 수 있게 되었다. 이로써 등장한 것이 보편주의이다. 이제부터 '인간'에 관해 말하기 시작했으며, 행복한 미래를 위한 일을 하고자 하였다.

과거 신분사회에서는 재판의 판결도 제각각이었다. 사람은 농노나 농부, 지주와 왕자 등 자신이 속한 신분에 따라 규정되었다. 그러나 이제 개인은 신분 귀속과 아무 상관이 없다고 말한다. 농부건 시민이건 남작이건 모두 똑같은 인간일 뿐이다. 출생에 의한 규정도 없어졌다. 〈9번 교향곡〉에서 베토벤은 실러의 시를 인용하였다. "모든 사람이 형제가 되네, 그대 고요한 날개가 멈추는 곳에서. 관습이 엄격히 나눈 것을 그대의 마법이 다시 묶어 주네."

관습Mode, 그것은 편견이 되었다. 모차르트의 〈마술피리〉에 나오는 "그대는 왕자야! 그런데 그보다 더 중요한 사실은! 그대는 인간이라는 거지!"라는 내용을 생각해 보자. 이제부터는 왕자가 되는 것보다 인간이 되는 것이 훨씬 더 중요해졌다. 만일 이와 전혀 다른 생각을 한다면 그것은 편견이다. 편견이라는 개념은 함께 자라나는 두 뿌리를 갖고 있다. 한 뿌리는 진보이다. 즉 낡은 것들은 편견이며, 젊은 사람은 새로운 것을 옹호한다는 것이다. 또 다른 편견은 개별성이다. 우리 모두가 인간이라는 것보다 개별적으로 정해진 것을 더 중시한다면 우리는 편견을 갖고 있는 것이다.

수많은 드라마와 소설에서도 편견의 문제를 다루고 있다. 예컨대 『오만과 편견』에 나오는 가난한 젠트리 가문과 부유한 귀족 가문이 그러하다. 이 작품에 등장하는 귀족에게 자기 신분에 속하지 않는 아가씨와 사랑한다는 것은 상상할 수 없는 일이다. 그녀는 이렇게 말한다. "그건 편견이에요. 나는 편견을 가진 사람을 사랑할 수는 없어요." 결국 그녀는 결혼을 하지만, 제인 오스틴의 모든 소설에서 엿볼 수 있듯이 편견의 문제는 여기서 중요한 역할을 한다. 이 작품에서 나타나는 신분에 대한 편견은, 20세기를 거쳐 지금도 지속되고 있는 가난한 사람에 대한 부자의 편견과 같은 계급에 대한 편견의 선구자로서 의미를 지닌다. 지금도 사람들은 돈 많은 남자가 가난한 여자와 결혼할 경우, "어울리지 않는 결혼Mesalliance"이라고 말하곤 한다. 이 역시 편견이다. 그녀를 사랑하고 있는데 어째서 결혼해서는 안 된다는 것인가?

근대의 역동성

근대의 본질은 무엇인가? 어째서 근대의 다양한 측면들이 편견의 개념과 그 구체적 양상의 전개에서 그토록 중요한 역할을 한 것일까? 근대 사회의 역동성과 구조, 다양한 구성, 이 모든 것들이 편견의 개념 그리고 그 실체와 아주 본질적으로 관련되어 있다.

소크라테스 이후 이미 많은 철학자들은, 사람들이 진리라고 믿고 있는 것이 단순한 견해에 불과할 수 있음을 알고 있었다. 진정한 진리를 깨우친 것은 철학자들뿐이며, 진정한 진리는 견해와 동일하지 않다. 그러나 이러한 의미에서 논의 대상이 되는 것은 편견이 아니라, 철학적 진리 그리고 실제 진리에 관해 숙고하지 않는 이들과 민중이 보편적으로 받아들이는 진리, 이 양자 간의 모순이다.

철학자는 이렇게 말한다. "사람들이 진리라 믿고 있는 것은 진리가 아니고 다른 그 무엇이다. 사람들이 일반적으로 선하다고 여기는 것이 진짜 선한 것이 아니다. 사람들이 일반적으로 아름답다고 보는 것이 진짜 아름다운 것이 아니다. 진실로 어떤 것이 아름답고 진리이며 선한 것인지는 오직 철학자들만이 알고 있다.”

사회의 판단과 가치의 정당성을 부정하는 이 명제들은 대개 위기의 시대에 확립된 것들이다. 전통 사회에서는 철학자들을 비롯한 소수의 사람들만이 지배적인 세계가 당연시하는 진리에 대해 문제를 제기하고, 다른 그 무엇이 진리라고 주장했던 위기들이 있었다. 하지만 이런 위기가 지난 후에는 일반적으로 다시 전통 사회의 가치가 다시 명예를 회복하고, 이전과는 다른 형태의 새로운 전통이 되곤 하였다.

대표적인 예가 로마제국의 신들에 대해 의문을 제기했던 로마제국 당시의 그리스도교이다. 그리스도교도들은 로마의 정치 구조에 의문을 품었다. 고전적 형태로 발전한 중세 사회도 새로운 토대를 갖고 있었지만, 이 사회 역시 고대 그리스 사회, 유대 사회, 로마 사회와 똑같이 전통적 사회였으며, 심지어 로마제국보다 훨씬 더 전통적인 성격을 지닌 사회였다. 기존 진리를 전적으로 부정하는 방식까지는 아닐지라도 르네상스에 이르러 비로소 다시 많은 것들이 회의의 대상이 되었다. 르네상스 시대에 시작된 그리스도교의 분권화는 다양한 신비주의와 결합되었다.

근대에 이르러 처음으로 옳지 않은 것은 바꾸어야 한다는 생각이 고개를 들기 시작했다. 내가 근대의 역동성이라는 표현을 한 것은 이 때문이다. 18세기 이후 전통적인 사회에서 일어났던 것과는 전혀 다른 일이 일어났다. 이제 사람들은 전통적 가치는 더 이상 유효하지 않으며, 다른 가치로 대체되어야 한다고, 그 사회는 더 이상 정당성도 없고 옳지도 않다고 말하게 되었다. 전통적 사회에서 전통이 회의의 대상이 되면, 그 사회는 붕괴되거나 사라질 수밖에 없었다.

현대 사회는 역동성 때문에 몰락하지는 않는다. 오히려 그 반대다. 역동성이 없다면 현대 사회는 작동하지 않는다. 현대 사회에서 모든 것을 당연한 것으로 여기고, 좋지 않은 것, 아름답거나 진리가 아닌 것에 대해 다른 가치가 있다고 당당히 말할 수 없는 바로 그 순간에 현대성은 종말을 고할 것이다.

현대 사회는 이러한 역동성에 의해 유지된다. 젊은 층이 언론매체에 더 많은 관심을 기울이는 데 비해 노인들은 그렇지 않고, 또 그럴 필요가 별로 없는 것이 이 때문이다. 언론매체를 접하면서 우리는 어떤 문제에 대한 합의가 도출되지 않는 이유는 무엇인지, 어떻게 하면 더 나은 해결책을 모색할 수 있을지 관심을 기울인다. 현대 사회는 끊임없는 변화에 의해 포착되는 사회이다. 사람들은 신분의 차이를 극복하고 이런 생각을 품게 되었다. "훨씬 더 많은 사람보다 극소수의 사람들이 욕구를 더 충족시키는 일이 어떻게 일어난 것일까? 다른 사람들이 우리보다 많은 것을 소유하고 있는 까닭은 무엇일까? 어째서 이들은 우리보다 더 높은 자리에 오른 것일까? 어째서 다른 사람이 나보다 더 예쁜 아내, 부자 남편을 만난 것일까?"

만족하지 못하는 사회

현대 사회는 만족하지 못하는 사회이다. 우리는 모두 불만스럽게 느끼고 있다. 우리 자신과 다른 사람, 우리가 살고 있는 이 세상에 대해. 우리는 항상 우리가 갖고 있는 것과는 다른 그 무엇을 소유하기를 원한다. 어쩌면 우리는 다른 존재가 되고 싶어 하는지 모른다. 그리고 우리는 항상 서로를 비교한다. 어째서 다른 사람이 나보다 더 행복할까? 우리는 모두 똑같은 사람이다. 그렇기 때문에 다른 사람이 나보다 더 많이 소유하는 것을 부당하다고 느낀다.

하지만 만족하지 못한다는 것은 긍정적인 측면도 갖고 있다. 어째서 가난한 사람들이 있고, 어린아이들이 굶주리는 것일까? 그것은 부조리하며 있어서는 안 되는 일이다. 이 세상과 우리의 삶은 지금 이대로의 모습이어서는 안 된다. 우리는 스스로를 더 발전시켜야 하며, 우리는 더 나은 미래를 필요로 한다. "전진 앞으로!"가 우리 삶을 규정하며, 돌아보아서는 안 된다.

우리는 괴테의 『파우스트』에서도 만족하지 못하는 이러한 사회의 단면을 읽을 수 있다. "순간을 향해 말하노니 멈추어라! 그대는 이토록 아름답구나!" 이 말을 하는 순간, 파우스트는 자신의 영혼을 악마에게 넘기는 것이다. 이 작품에서 암시하듯 만족한다는 생각은 악마가 심어 주는 사악한 생각이다. 우리는 멈추어선 안 되며, 계속 전진해야 한다. 더 많은 일을 하고, 더 많이 체험하며, 더 많이 갖고, 더 많은 것을 알아야 한다.

이러한 의미에서 막스 베버 역시 『직업으로서의 학문』에서 아브라함은 충만한 삶을 살았기 때문에 편안히 죽을 수 있었다고 확언한다. 그렇지만 우리는 그렇게 죽을 수 없다. 현대인 가운데 죽음을 맞이하는 순간에 모든 것을 다 이루었고, 모든 것을 누렸다고 말하는 사람은 단 한 사람도 없을 것이다. 이 세상에는 사람들이 겪지 못하는 일들이 너무 많다. 각각의 문화에 대해서도 알지 못한다. 진정한 음악 공부를 하고 싶어도 다 공부할 시간적 여유가 없다. 이 세계는 너무 광대하고, 소중한 보물들도 너무 많다. 가능성들을 모두 충족시키는 것은 불가능하다.

우리가 학자라면, 종교인처럼 생각할 수 없다. 학자의 입장에서는 많은 문제가 미해결 상태이다. 문제에 대한 답변을 내놓으면, 곧 또 다른 해답을 제기하고 그 해답이 옳다고 입증하기도 한다.

괴테는 "깨달은 사람은 자신의 한계를 설정해야 한다."라고 말했다. 자기 한계를 정하는 것이 현대적 관념이다. 만족하지 못하는 세계에서 우리는 우리가 원하는 것을 모두 충족할 수 없고 모든 것을 전부 배우고 알고 인식할 수 없음을 자각하는 것 이외에 다른 선택의 여지는 없다.

옛날 사람들은 자기 한계를 몰랐다. 즉 자신의 세계가 제한된 세계임을 몰랐던 것이다. 현대와 같이 한계가 없는 세계, 인간의 욕구가 급속히 뻗어 나가는 세계에서 우리는 우리 자신의 한계를 설정해야 한다.

근대의 구조

사회학자 니클라스 루만은 사회를 두 가지 유형으로 구분한다. 첫 번째 유형은 사람이 주어진 환경 속에 태어난 것을 의미하는 구조화된 사회이다. 이 사회에서는 누군가 그의 생애에서 어떤 지위를 갖게 될지 규정하는 것은 사회 계층이다. 태어나면서 그에게 주어진 자리가 미래의 역할을 규정해 버리기 때문이다. 태어난 출생 배경은 우연이지만 사람들은 그것을 우연이라고 생각하지 않고, 하느님이 자신의 삶의 자리를 정해 주신 것이라고 믿었다. 농촌 젊은이들이 왕이 되고 싶은 꿈을 꾼다는 것은 동화 속에서나 가능한 일이었다.

그러나 근대에 접어들면서 신분에 의한 규정이 근본적인 것이 아니라고 생각하기 시작했다. 무엇보다 우리는 모두 같은 인간이며, 중요한 것은 인간으로서의 존재이지 신분이 아니라는 것이다. 그때부터 사람들은 서로서로를 비교할 수 있게 된 것이다.

평등이라는 관념이 우리가 처한 상황을 미리 주어진 것이라 여기지 않게 만들었다. 우리는 우연히 이 자리에 앉도록 태어난 것뿐임을 알게 된 것이다. 그렇기 때문에 우리는 확정되지 않은 존재라고 말하는 것이다. (아직도 신분과 계급이 있다면) 우리의 신분, 우리의 계급과 우리 자신의 관계는 우연으로 연결된 관계이다. 그것으로 인해 우리 자신이 규정되는 것은 아니다.

물론 현대에도 사회적 위계서열Hierarchie은 존재한다. 그 안에서 어떤 지위를 차지하게 되는지, 각각의 위계서열에서 높은 자리 혹은 낮은 자리에 있게 될지는 이제 더 이상 출신 성분이 아니라 역할에 의해 결정된다. 현대 사회는 기능적 사회이다. 말하자면, 전통 사회와 달리 우리가 향하는 역할이 위계서열, 계층 속에서 우리 지위를 규정한다.

그렇기 때문에 근대에 이르러 우리는 모두 똑같은 가능성을 갖고 있다는 관념이 나타난 것이다. 그것은 우리에게 실질적으로 똑같은 기회가 주어졌기 때문에 그렇다는 것이 아니다. 우리 모두 평등하고 똑같은 인간이며, 우리의 출생은 그저 우연일 뿐이기 때문에 우리에게 똑같은 기회가 주어졌다는 생각 자체가 과거에는 없었던 관념이다. 우리는 확정되지 않은 인간이기 때문에, 우리 모두는 역할을 행사할 수 있으며 더욱이 위계적인 서열 구조에서 위로 올라설 수 있는 역할도 이제 가능해진 것이다.

보편적으로 만족하지 못하고 있다는 경험은 다양한 이유를

편견

갖고 있다. 하나는 우리가 사는 세상이 더 이상 신분 사회가 아니라는 점이다. 우리는 우리의 출생이 우연한 현상에 불과하며, 그것이 우리의 역할을 규정할 수 없다고 생각한다. 삶을 규정하는 것은 우리가 행하는 역할뿐이다. 다른 하나는 우리는 미래를 지향하고 있으며, 언제나 현재를 극복하려 한다는 점이다. 우리의 사회적 현재, 개인적 현재는 우리 사회가 만족을 느끼지 못하는 사회임을 인식하게 해 준다.

우리가 필요로 하는 것들 역시 전통적인 사회와 똑같은 방식으로 배분되지 않는다. 신분 사회에서는 욕구와 욕망이 계층화되었다. 백작의 욕구는 미리 규정되었고 그의 욕구를 충족시킬 수 있는 가능성을 그는 갖고 있었다. 그는 자신의 욕구를 마음껏 발산할 수 있었으며, 그렇지 않으면 그는 백작으로서의 기능을 행사하지 못하는 존재가 된다. 그는 무도회에서 춤추는 역할도 받아들이고 실행에 옮겨야 하며, 백작 부인도 그를 따라 피아노를 치고 노래를 불러야 했다.

욕구와 그것을 충족시킬 가능성들은 신분에 맞게 분배되었다. 농부 아들에게는 배우기 위해 읽고 쓰고 싶은 욕구가 없었다. 시민계급 남자는 배우기 위해 읽고 쓰고 계산하고 싶은 욕구가 있었지만, 같은 시민계급이라도 여자들에게는 그런 욕구가 없었다. 욕구는 사회 집단, 신분, 성에 따라 구분되었다. 그리고 이 욕구를 충족시켜 주는 재화 역시 신분에 따라 구분되었다.

그러나 근대에 이르러 달라졌다. 사람들의 욕구는 균일해졌고 돈과 관련한 문제에서 더욱 그러했다. 사람들이 필요로 하는 것은 돈이었다. 돈만 있으면 모든 것을 살 수 있었기 때문이다. 더 이상 질이 아닌 양量의 할당이었으며, 이 할당은 역할에 따라 맞추어졌다. 사회에서 더 높은 역할을 하는 사람이나 더 높은 자리에 앉은 사람은 더 많은 양을 갖게 되었다. 물론 어떤 구체적인 욕구가 할당된 것은 아니었다. 구체적이고 질적인 욕구에 따라 그 어떤 사회적 역할이 결정된 것은 아니었다.

칸트는 사람들이 만족을 느끼지 못하는 세 가지 유형의 욕구를 흥미로운 근대적 현상으로 서술하였다. 그것은 바로 돈, 권력, 명예이다. 사람들은 이 욕구에 대해 결코 충족감을 느끼지 못하는데, 그렇기 때문에 이 욕구들은 근대의 전형적 현상이다. 사람들은 자신이 소유한 것에 대해 항상 만족을 느끼지 못한다. 하나의 욕구를 충족시키면, 언제나 새로운 욕구가 생기기 때문이다.

근대의 구성

근대는 세 부분으로 구성되는데, 이 구성은 근대적 편견이 전개되는 과정에서 중요하다. 첫 번째 구성은 필요한 물품이 시장에서 생산되는 것이다. 재화, 사람, 활동, 역할의 분배가 시장에서 이루어진다. 현대 사회는 시장 사회이며 그렇기 때문에 필요한 모든 물품의 수량화가 가능해졌다.

두 번째 구성은 과학과 기술의 발달이다. 우리는 어느 시대나 항상 과학이 있었다고 믿는다. 이 말은 맞기도 하고 그렇지 않기도 하다. 지식은 항상 있었으며 사람들은 이 세계에 관한 무언가를 알고 있었고, 어떤 것을 상상하기도 했다. 그러나 그것은 경험적 과학이었다. 일찍이 아리스토텔레스는 다양한 동물, 곤충, 꿈, 수면을 비롯한 많은 것들을 세심히 관찰하였다. 사람들은 그러한 초보적인 관찰을 지식이라 생각했고, 옛날 대학에서 가르친 내용이 그런 지식이었다.

그러나 지식의 발달 속도는 아주 더뎠으며, 몇몇 분야는 아예 발전을 이루지 못했다. 인간이 발붙이고 사는 이 지구와 태양, 달에 관한 지식은 아주 오랜 시간 동안 변함이 없었다. 천동설을 주장한 프톨레마이오스의 세계관은 수 세기 동안 흔들림이 없었으며, 인간의 신체에 대한 지식도 16세기까지 그 이전과 변함이 없었다. 17세기까지만 해도 사람들은 혈액순환에 대해 알지 못했다. 지식은 얼마 되지 않는 경험적 관찰에 한정되었으며 거의 달라지지 않았던 것이다.

그렇기 때문에 사람들은 풍부한 인생경험을 쌓은 노인을 높이 평가했고 현명한 분들이라 생각했다. 과학은 이 기초 위에 성립되었으며 젊은 사람들은 나이 든 사람들에게서 가르침을 받았다. 그러나 오늘날에는 이와 정반대다. 예를 들면 해커는 전부 젊은 사람들이고, 노인들은 컴퓨터로 만들 수 있는 것들이 어떤 것인지 이해하지 못한다. 옛날과 다른 이러한 뒤바뀜은 지식을 끊임없이 변화시키고 축적시킨 근대 과학의 발전과 더불어 일어난 현상이다. 우리가 오늘 알고 있는 지식은 어제보다 많고, 미래 세대는 현재의 우리보다 더 많은 지식을 쌓을 것이다. 필요한 물품 문제에서도 "전진 앞으로!"와 동일한 논리가 오늘을 지배한다. 새로운 것은 항상 만들어져야 하기 때문이다.

이미 19세기에 새로운 과학이 등장했지만, 초창기에는 그 발달 속도가 아주 더뎠다. 그 후에 새로운 진리가 기술에 적용되면서 20세기 후반기 이후에 이르러 과학은 기술에 응용된 과학으로 발전하였다. 기술이 만들어 낸 것들은 과학에 다시 영향을 끼쳤다. 이것은 모든 것이 앞으로 나가고 있음을 의미한다.

몇 년 전에 19세기 중반의 주방 모습을 재현한 전시회가 빈에서 열린 적이 있었다. 나의 유년시절이었던 1930년대 모습을 고스란히 엿볼 수 있었는데, 거의 100년 동안 전혀 달라지지 않았음을 확인할 수 있었다. 당시만 하더라도 닭을 산 채로 구입해서 여자들이 직접 도살했다. 그러나 최근 50년 동안 주방 모습은 현저히 달라졌으며, 이로 인해 일상생활은 물론 여성들의 삶에도 큰 변화를 가져왔다. 이것은 현재 가사노동과 지난 세대의 가사노동을 완전히 구분짓는 조건이기도 하다.

기술은 집안 살림을 비롯하여 다른 모든 분야들을 혁명적으로 바꾸어 놓았다. 50년 전에는 컴퓨터라는 것이 없었지만 오늘날 컴퓨터는 너무 자연스러운 제품이다. 텔레비전과 모바일 폰 역시 그러하다. 그런 제품이 없다면, 그에 대한 욕구도 없는 법이다. 새로운 기술은 우리의 욕구를 촉진시키고, 그 반대로 (인간의 욕구는) 새로운 기술을 낳기도 한다. 어떤 것이 있으면 욕구도 발생한다. 몇 주 전에 새로 출시된 똑똑한 스마트폰을 구입하려고 몇 시간 동안 줄을 서 있는 사람들을 목격했다. 그 모습은 만족하지 못하는 사회의 단면이다. 이웃이 최신 스마트폰을 사면, 나도 사야 한다.

기술은 항상 현대 과학에 의해 만들어진다. 그 발전이 얼마나 오랫동안 진행되어 왔는지 우리는 모른다. 어쩌면 영원히 지속되지 않을 수도, 즉 기술 발전의 한계가 있을지 모를 일이다. "깨달은 사람은 자신의 한계를 설정해야 한다."라는 괴테의 말이 여전히 타당하게 여겨지는 것도 그런 이치이다. 우리는 그것을 사용수단으로 삼기 위해 모든 것을 이용할 수는 없다. 우선권을 정해야 하지만 그것은 개개인의 판단의 몫이다.

68혁명 시대의 젊은 세대는 모든 것은 편견이며, 인간이 모든 것을 전부 소비할 필요가 없다고 주장한 바 있다. 기술설비 시설 없이도, 텔레비전이나 라디오 없이도 주거지에서 행복할 수 있으며, 오로지 사랑만이 필요할 뿐이라고 외치기도 했다. 이것은 만족하지 못하는 사회에 대한 비판이기도 하다. 이러한 만족하지 못함을, 기술 및 과학의 발전을 부정할 수 있다. 현재의 다양한 과학 및 기술 발전에 대해 환경운동가들이 비판하고 있는 것은 그것이 자연을 파괴하고 있다고 보기 때문이다.

이 모든 것에 대해 무조건 부정할 수도 있고, 그 주장이 편견이라고 말할 수도 있다. 이해당사자들은 상대방이 하는 말은 진실이 아니고 편견이라 말한다. 하지만 우리는 다른 유형의 지식, 또 다른 구상을 펼쳐야 한다. 이로써 우리는 근대의 세 번째 구성 혹은 논리, 즉 정치적인 것에 도달한다.

근대의 정치

몇몇 예외적인 경우가 있지만, 전통적 사회에서는 일반적으로 정치가 존재하지 않았다. 아테네 민주주의도 불과 몇십 년 동안 유지되었으며, 로마 공화정도 정치의 시대라고 할 만한 때는 말년의 200년 동안뿐이었다. 공작 혹은 백작들이 전쟁터에서 해결한 일을 정치라고 말할 수는 없기 때문이다.

정치는 근대와 함께 시작되었으며 그마나 본질적인 정치는 현대적인 정치제도가 태동한 시기에 비로소 시작되었다. 즉 동시적으로 진행된 것이 아니라 점진적으로 이루어진 것으로, 본격적으로 정치가 발달하기까지는 상당한 세월이 소요되었다. 전통적 지배 형태는 아들이 아버지의 왕국을 물려받는 군주제였다. 아들이 없는 경우에는 예외적으로 딸이 권력을 계승받았다.

왕위는 하느님이 정한 것이었다. "왕이 돌아가셨다! 왕이시여, 만세!" 이 말은 왕이 죽었지만, 누가 새 왕에 즉위할지 모두 안다는 의미이다. 간혹 왕좌를 둘러싼 다툼이 없었던 것은 아니지만, 규약이 없었기 때문에 입헌군주제에서 그런 다툼은 거의 없었다. 왕좌에 관한 헌법을 갖는다는 것 자체가 현대적인 사유이다. 물론 정치적 통일체의 관습을 '헌법'이라고 부르기는 했지만, 그때만 하더라도 현대적인 의미의 법적 규약은 아니었다.

르네상스 시대에 이르러 시에나와 피렌체와 같은 소위 '자유' 도시들에서 처음으로 (오늘날과) 유사한 법적 규약이 생겨났다. 그리고 처음으로 근본주의적 혁명이 발발한 것도 그 즈음이었다. 근대가 시작된 곳에서 다원주의Pluralismus가 태동했으며, 다양한 견해와 사상 그리고 생활 형태들이 나타났다. 이런 흐름에 맞서 근본주의Fundamentalismus는 차별적인 특성들을 획일화하는 방식으로 대응했다. 피렌체에서 사보나롤라라는 이름과 함께 종교적 근본주의가 그 첫 모습을 드러냈다. 사보나롤라의 '공포 체제'는 근대 역사에서 최초의 근본주의 체제이다.

(처음에는 입헌군주제였던) 헌법은 근대의 창작품이다. 전통 사회에서 자유주의는 생각할 수 없었을 것이다. 자유주의라는 것이 본디 다양한 의견들과 관용을 전제로 하기 때문이다. 그리스인들

이 자신들만의 민주주의 체제를 갖고 있었지만, 그 사회는 결코 자유로운 사회가 아니었다. 소크라테스는 국가가 정한 신을 인정하지 않았다는 이유로 사형선고를 받았다. 자유주의 사회라면 어떤 사람이 다른 생각과 견해를 갖고 있다는 이유로 사형선고를 받지 않기 때문이다.

군사독재는 근대에 생긴 것이 아니라, 아주 오랜 옛날에도 있었다. 한편 근대의 업적은 권력의 분할이다. 계몽주의 시대 몽테스키외에 의해 권력 분할의 이론적 토대가 구축되었다. 몽테스키외는 법을 정하는 권력, 법을 집행하는 권력 그리고 사법 권력 등, 세 가지 권력이 필요하며, 이 세 권력은 각각 서로 독립적이어야 한다고 주장했다. 이것이 계몽주의의 첫 번째 정치적 사상이었다.

'시민Staatsbürger'('citizen')이 참여할 수 있는 다양한 형태의 정치 제도들도 계몽주의 시대 때 생겨났다. 근대는 고대에는 없었던 것들을 창안해 냈는데, 특히 '국가와 사회의 분리'가 그 가운데 하나이다. 우리가 진정한 의미에서 정치라고 말할 수 있는 것은, 사회와 국가가 서로 나뉘어 사회가 상대적인 자율성을 확보함으로써, 국가가 일방적으로 결정하지 않으며, 사회가 독자적인 결정권을 내릴 수 있는 경우를 말한다.

헤겔이 『법철학』에서 근대의 인간은 전혀 다른 유형이라고 말한 것은 이러한 까닭에서였다. 이로써 보편적 인간으로, 개인으로, 예를 들면 법 앞에서 법적인 주체, 사유재산권을 가진 시민, 가족 구성원으로 존재하게 된 것이다. 한 사람이 이 모든 역할 속에서 통일체를 이루는 것이다.

전체주의 사회와 정치는 지극히 근대적 현상이다. 한나 아렌트는 전체주의 국가를 중세적인 형태라고 간주해서는 안 된다고 단언한 최초의 인물이다. 전체주의는 근대의 현상이지만 비정치적 현상이라는 것이다. 그 이유는 근대 정치에는 다원주의가 내재되어 있는 반면, 전체주의 국가는 다원주의를 불법시하기 때문이다. 전체주의 국가는 모든 것을 출발점으로 삼는 하나의 중심부 속에 획일화한다. 그렇기 때문에 전체주의 국가에서는 어떤 형태의 정치도 있을 수 없다.

정치 본연의 문제에 초점을 두려면 오직 자유주의적 민주주의나 시민이 목소리를 갖는 칸트적 의미의 공화주의라는 틀 속에서만 논의할 수 있다. 오직 이러한 상황에서만 국가와 사회가 서로 분리되고 신민臣民이 아닌 시민이 존재하는 정치가 작동할 수 있다. 자유주의, 공화주의 그리고 전체주의도 그렇듯이 헌법도 근대의 창작품이다. 헌법을 통해 모든 권력이 국민으로부터, 즉 '아래로부터' 나온다는 사상이 발전된 것이다. 그러나 전체주의 국가에서는 정반대이다. 전체주의 체제에서는 주권이 민중에게 있지 않고 특정 정파에 귀속된다.

정치가 활동하는 진정한 현대적 사회에서 우리는 부정적 자유와 긍정적 자유 등, 두 가지 자유를 찾을 수 있다. 부정적 자유 역시 자유로운 자유로서, 여기서는 국가의 압력이나 정치의 압력으로부터 자유로움을 의미한다. 이마누엘 칸트에 의하면, 타인의 자유를 구속하는 경우가 아니라면, 우리는 무슨 일이든 할 수 있는 자유로운 존재이다. 이것이 부정적 자유에 관한 전형적인 자유주의 이론이다. 반면에 긍정적 자유는 이른바 민주적인 자유 개념으로서, 국가의 문제에, 정치적 활동에, 사회의 제도 변화 등등에 적극적으로 동참하기 위한 자유로운 존재로서의 의미를 강조한다. 즉 긍정적 자유는 우리는 "무엇으로부터가 아니라, 무엇을 위해 자유로운 존재"라는 점을 부각시키는 개념이다.

계몽주의 시대에 이르러 본질적으로 근대의 주요 사상이 꽃을 피웠다. 물론 계몽주의자 가운데 일부는 군주의 지배를 받은 경우도 있었다. 예컨대 볼테르는 프리드리히 대제를 찾아가 프로이센에서 자유를 제도적으로 확립해 달라고 설득하기도 했다. 동료 계몽주의자들과 함께『백과전서 또는 과학·예술·직업의 합리적 사전』을 출간한 디드로 역시 계몽주의 사상을 설득시키기 위해 카타리나 여제女帝에게 간 적이 있다. 실러의『돈 카를로스』에서 포사 후작은 왕에게 이렇게 간청한다. "유럽의 왕위에 즉위하십시오. 이 땅을 새롭게 만드시고, 사상의 자유를 내려 주십시오."

편견

자유

자유에 관한 논의를 시작하면 심오한 문제를 이야기하지 않을 수 없다. "모든 인간은 자유롭게 태어났다"는 문장은 근대의 서막을 알리는 표현이다. 물론 이 표현은 이치에 맞지 않는다. 우리 인간은 자연적으로 자유로운 존재로서 태어난 것이 아니라, 혼자서는 설 수조차 없는 갓난아이로 태어났기 때문이다.

이 문장은 사실적 문장이 아닌 규범과 가치를 표방하는 문장으로, 모든 인간이 자유로운 존재로 태어난 것처럼 우리 스스로 그렇게 처신하고 행동하라는 의미를 규정한 것이다. 우리는 이 문장의 뜻에 동의하며, 그럼으로써 모든 사람이 평등하고 자유로운 존재로 대우받도록 하는 책임을 지니고 있다. 그렇지만 오늘날에도 모든 사람이 이에 동의하지 않고 있다는 것도 엄연한 사실이다. 예컨대 저열하다고 폄훼하는 인종이나 혼혈 인종보다 순수 인종이 더 우월하다고 여기는 인종주의자들이 그런 사람들이다.

모든 사람이 평등하고 자유로운 존재로 태어났다고 선언한 헌법을 인정한다면, 우리는 이 문장에 암묵적으로 서명했음을 전제로 한다. 또한 미국의 독립선언문에서도 모든 사람은 자유로운 존재로 태어났다고 선언하고 있다. 이 선언문에 따르면 모든 사람은 하느님으로부터 양심과 이성을 부여받았으며, 자유롭게 살고 고유한 방식으로 행복을 추구할 권리를 갖고 있다.

이 선언문은 다음과 같은 문장으로 시작된다. "우리는 다음과 같은 내용을 자명한 진리라고 생각한다. 즉, 모든 사람은 평등하게 태어났으며, 창조주로부터 양도할 수 없는 권리들을 부여받았으며, 그 권리 중에는 생명과 자유와 행복의 추구가 있다." 이 "우리"라는 말은 대단히 중요한데, 그것은 "이제부터는 모든 사람이 이 문장의 정신에 따라 행동해야 할 책임을 진다."는 의미이기 때문이다. 아울러 이것은 헌법에 명문화된 자유, 법적인 자유로서, 이 자유는 시민들에게 훼손될 수 없는 권리를 부여한다. 그런데 시민들이 이 의무를 준수하기 위한 노력을 해야 하는가?

우리가 지금 자유에 대해 말하는 이유는 무엇인가? 어째서 우리는 모든 사람이 자유로운 존재로 태어났다고 말하는가? 이 것은 무엇을 의미하는가? 아리스토텔레스는 자유롭게 태어난 사람도 있는 반면, 또 다른 사람들은 노예로 태어났다고 말한 바 있다.

근대 이전에는 모든 사람이 자유로운 존재로 태어났다는 문장은 전혀 의미가 없었다. 이것은 무슨 말일까? 이 문장을 적용하면 전통 사회는 해체되거나 심지어 몰락에 이른다는 의미이다. 모든 사람은 자유로운 존재로 태어났고 하느님으로부터 양심과 이성을 부여받았으며, 그것도 각각 고유한 방식으로 자유롭게 살 권리를 갖고 있음을 인정한다면, 전통적 세계는 붕괴되었을 것이다. 전통적 사회의 근간은 전통 그 자체이기 때문에, 만약 그렇게

편견

된다면 그 사회는 더 이상 정통성을 갖지 못했을 것이다. 모든 사람은 자유로운 존재로 태어났다는 것 이외에 우리가 그 어떤 자명한 진리도 갖지 못한다면, 대체 우리는 어떤 토대를 갖고 있다는 말인가?

우리는 근대의 토대가 바로 이 자유라고 감히 말할 수 있다. 우리가 이해하고 인정하는 현대 세계는 자유에 기반을 둔 세계이다. 다만 자유의 토대는 근거가 충분하지 않다는 것이 문제일 뿐이다. 또한 우리의 존재 근거를 자유만으로 다 설명할 수 없다. 가부可否를 결정하는 문제에 우리에게 위임한 주체가 누구인지도 그 근거를 댈 수 없다. 즉 우리는 자유만을 근간으로 우리 사회의 토대를 확립할 수 없다는 의미이다. 그것은 우리가 사는 현대 사회의 정신적 토대가 대단히 취약하고 또 쉽게 허물어질 수 있음을 뜻한다. 급속한 발전으로 인해, "전진 앞으로!"라는 말로 표방되는 질주로 인해 어쩌면 우리는 스스로 허물어질 위기에 처했다.

평등과 불평등

세 부분으로 이루어진 근대의 구성으로 되돌아가 보자. 첫 번째 구성은 시장이라고 했다. 나는 다양한 문제와 관련하여 마르크스에 대해 비판적 입장을 갖고 있다. 예컨대 마르크스가 말하는 유토피아나 사용가치 개념이 그러하다. 하지만 "시장은 정의에 기초하지만 그 종착점은 부정의이다."라는 그의 주장에는 전적으로 동의한다. 시장에서는 고용주와 피고용주 간의, 그 밖에 여러 이해 당사자 간의 계약만이 존재한다. 물론 이 계약은 정의에 기초한 것이지만 부정의를 낳는다.

시장 상황의 역설은 이렇듯 정의가 부정의를 만들어 낸다는 점이다. 정의에서 부정의가 생기는 것, 그것은 오래 전부터 파악된 것이며, 재분배Umverteilung가 현대 국가의 과제 가운데 하나로 부각된 것도 바로 그 때문이다. 부정의를 완화하려면 시장이 분배한 것을 국가가 다시 분배해야 한다. (그렇게 해야만) 부정의를 완전히 철폐할 수 없지만 감소시킬 수는 있기 때문이다.

똑같은 기회를 갖는다는 것은 하나의 이상일 뿐, 실제로 우리는 똑같은 기회를 갖고 있지 않다. 더욱이 사람의 능력과 개성도 각각 다르고, 그렇기 때문에 똑같이 성공의 과실을 거둘 수는 없다. 물론 그것은 어떤 방식으로든 고르게 조정되어야 한다.

더 나아가 현대 국가는 시장 상황을 규제해야 한다. 이 흐름은 이미 19세기 초 잉글랜드에서 시작되었다. 그 후 사회민주주의자들은 재분배를 사민당 강령의 중요한 부분으로 승인하였다. 처음 시장에서 분배가 이루어져야 하는 것은 필요한 수순이다. 일단 시장에서 분배된 것을 다시 분배할 수 있기 때문이다. 그리고 계약의 평등이 실제로는 불평등으로 끝맺음되기 때문에 이러한 재분배 조치는 마땅히 행해져야 한다.

이러한 점에서 보면 한나 아렌트는 옳지 않다. 그녀는 사회 문제는 정치적 문제가 아니며, 정치와 국가는 사회 문제와는 무관하고, 재분배는 국가가 해야 할 일이 아니라고 생각했기 때문이다. 이와 달리 나는 비록 사회 문제의 모든 측면이 전부 정치적인 것은 아니지만, 사회 문제는 정치적 문제라고 생각한다.

프랑스 혁명의 세 표어는 자유, 평등, 형제애이다. 긍정적인 자유뿐만 아니라 부정적인 자유에서도 권리의 문제는 존재한다. 국가가 인정하는 권리는 어떤 권리인가? 정치적 구성체 내에는 어떤 권리들이 존재하는가? 다양한 국가들 간에, 국제법 내에는 어떤 권리들이 존재하는가?

국제법 역시 자유의 문제에 속한다. 이미 근대 초에 국제법에 관해 숙고하였으며, 칸트도 국제법에 관한 글을 기술한 바 있다. 각 나라 국민들이 서로 자유, 평등, 형제애를 지키기 위해 어떻게 행동해야 할까? 국가들이 프랑스 혁명의 세 표어를 존중하기 위해 어떻게 행동해야 할까? 자유에 관한 책에서 칸트는 모든 국가들이 공화주의 체제가 된다면 가능하다고 결론 내리고 있다. 국가 내에서는 시민의 자유를 보장해야 국가 상호 간에 자유와 평등을 보장할 수 있다. 오늘날까지 이것은 어느 정도 유효하다.

첫 번째 유형은 법 앞에서의 평등이다. 귀족이건 농노 건 각각의 신분에게 특별한 법, 법원, 재판 절차가 없었다. 소송 절차는 보편적이어야 했지만 이것은 법적인 자유였을 뿐 실제로는 사적인 자유는 아니었다.

그렇지만 법적인 평등을 인간으로서, 개별 주체로서의 평등을 의미하는 것으로 해석하는 사람들도 있다. 그러나 이것은 그런 의미가 아니다. 사람은 어떤 문제와 연관된 상황에서 평등할 수 있지, 혼자 평등할 수 없다. 모든 인간은 각각 다른 존재이며, 다른 능력을 갖고 있다. 정량적 평가를 통해서만 비교가 가능하다. 만일 어떤 두 사람이 똑같은 비중이 있다면, 그것과 관련된 상황에서 서로 평등하다.

형제애

형제애는 무엇보다 우리 모두는 같은 인간으로, 개별적으로 규정된 요소들, 예컨대 성이나 국적보다 훨씬 고귀한 존재임을 의미한다. 이러한 의미에서 우리는 평등한 존재이다. 한 국가 안에서 정치적 평등에 관한 문제에서 세 단계의 해방 국면이 있다.

일반적으로 평등은 그 전까지 국적 취득에서 배제된 사람들이 비로소 국적을 인정받은 것을 의미한다. 이것은 당사자에게 긍정적 자유와 부정적 자유를 의미한다. 해방은 선거권과 밀접하게 불가분의 관계가 있다. 최초의 선거권은 자격 여부에 따라 결정되

편견

었고, 조건과 결부되었다. 그래서 재산을 갖고 있는 남자에게, 그 후에는 읽고 쓸 능력이 있는 사람에게만 선거권이 주어졌다.

첫 번째 해방은 유대인 해방이었다. 유대인들은 몇몇 나라에서 헌법에 편입되었고 선거에 참여할 수 있는 권리를 부여받았다. 유대인들은 최소한 시민의 자격으로, 긍정적 자유의 혜택을 받았다. 하지만 이것이 의회 의원이 되는 피선거권 자격을 받았다는 것은 아니다.

두 번째 해방은 노동자 계급의 해방이었다. 남성들에게 보편적 선거권이 도입되자, 노동자 계급도 해방되었다. 그때부터 모든 사람이 타인으로부터 독립된 존재이기 때문에 선거에서 배제된 사람은 아무도 없었다. 아울러 읽고 쓰는 것도 더 이상 선거권 부여의 전제조건이 되지 않았다.

세 번째 해방은 여성 해방이었다. 여성 해방은 20세기에 이르러 이루어졌다. 현재 자유민주주의 체제에서는 모든 사람이 해방되었다. 그러나 모든 사람이 적극적인 의미에서 국적을 부여받는 것이 아니라 원하는 사람에게 가능하다는 의미이다.

근대의 비판

근대의 세 가지 구성이나 논리 속에서 언제나 갈등은 있었다. 첫 번째 논리인 시장 사회는 생성 단계 때부터 비판을 받아 왔다. 19세기에 "사유재산은 절도이다!"라는 말이 처음 언급되었고 이후 재차 등장했다. 자본을 가진 자들은 착취자인데 자신이 고용한 노동자를 착취하기 때문이라는 것이다. 이들은 직접 일은 하지 않고 다른 이들의 노동에 기대어 생활한다. 이것이 시장 상황에 대한 지속적인 비판의 핵심이다.

이러한 비판에도 불구하고 시장 상황이 없다면 현대 사회에서 살아갈 수 없다. 심지어 옛 소비에트 사회에서도 이는 증명된 바 있다. 폴 포트의 캄보디아나 마오쩌둥 시대의 중국과 같이 증명되지 않은 경우에는, 수십만 명, 심지어 수백만 명이 기아 상태에서 죽어 간 참극으로 이어지기도 했다. 물론 이러한 사례가 시장 상황에 대한 비판을 중단시키지는 못한다.

두 번째 논리인 과학과 기술에 대해서도 처음부터 비판이 있었다. 어째서 과학과 기술의 발전 속도가 그토록 빠른가? 통제받지 않는 기술 발전이 우리 자연환경을 파괴하기 때문에 이제는 멈춰야 한다는 것이다. 과학과 기술은 (예컨대 텔레비전 시청과 컴퓨터 게임으로 인해) 우리를 점점 어리석게 만든다. 아이들은 책을 읽지 않고, 모니터 앞에 있는 시간이 많아져 서로 소통하는 시간도 점점 줄고 있다. 현대 사회의 우둔화 현상이 진단되고 있는데, 그 현상은

편견

특히 새로운 기술의 결과로 여겨지고 있다. 이 밖에도 과학과 기술의 발전 과정을 부정적으로 보는 논증은 많다.

　정치적인 측면에서 볼 때 세 번째 구성은 근대성에 대한 거부감에서 근본주의 체제를 낳았다는 사실이다. 그것은 근대성이 다양한 측면을 근간으로 하며, 그렇기에 근대성이 상대주의이고, 더 이상 아무것도 확실하지 않은 듯 보이기 때문이다. 옳고 옳지 않은 것이 무엇인지 말해 주는 사람은 아무도 없고, 우리 스스로 결정해야 하는 상황에 처한 것이다.

우리 스스로 책임져야 할 일이 아주 많다. 그렇기 때문에 '자유로부터의 도피'가 생기는 것이다. 우리에게는 토대(근본)가 없지만 그것을 열망한다. 근본주의는 근대의 현상이다. 근본주의자가 종종 광신주의자가 되긴 하지만 원래 근본주의는 광신주의 Fanatismus와 아무 관련도 없다. 토대(근본)가 있던 시대에는 광신주의는 항상 있었지만 근본주의는 없었다.

데카르트는 감정과 열정에 관한 글을 썼는데 광신주의에 빠지지 않는 한 감정과 열정은 모두 긍정적이라는 것이다. 두 진영 모두에게 치명적이었던 가톨릭교도와 프로테스탄트교도 간의 종교적 광신주의가 난무했던 시대, 30년 전쟁 시대에 양측은 자신의 토대(근본)에 입각해 서로 상대방을 나쁜 토대라고 일컬었다. 그럼에도 불구하고 그것이 근본주의는 아니었다. 근본주의는 어떠한 토대(근본)도 없었던 때, 사람들이 사회 속에서 홀로 존재할 때, 스스로 결정해야만 했던 그 때에 등장했다.

공동체Gemeinschaft와 이익사회Gesellschaft를 구별 짓는 사회학적 개념 역시 근본주의에 대한 비판에 속한다. 이것은 노스탤지어의 한 형태이다. 옛날에는 모든 사람이 공동체에 살았으며 그 누구도 고립된 사람은 없었다. 마을과 고향에는 대가족, 친척, 지인知人들이 있었다. 당시 사람들은 세상을 집처럼 느끼며 살았다. 현대인들에게 집은 어디인가? 공동체의 안정을 느낄 공간은 어디인가?

우리는 온기를 완전히 잃어 가고 있다. 우리는 서로 유기적 관계를 맺지 못하는 개별적 주체의 사회 속에 살고 있으며, 서로 기계적 관계만을 맺고 있을 뿐이다. 일자리도 서로 비슷해, 내일이면 다른 직장에서 일할 수도 있으며, 학교도, 사는 곳도 금방 바뀔 수 있다. 이것은 노스탤지어 개념이며 일종의 두려움이다.

전체주의 운동은 혼자되는 것에 대해 느끼는 두려움, 원자화되는 것에 대한 두려움을 어떻게 이용할 것인지 정확히 알고 있다. 모든 사람이 동일한 슬로건을 소리 높여 외치고, 같이 행진하고 함께 있으면 안전하다고 느끼는 사이비 공동체를 만드는 것이다. 이 사이비 공동체는 꼭 전체주의 체제에서만 생기는 것이 아니다. 1968년 파리와 독일에서와 같이 이와 유사한 공동체가 자발적으로 생겼다. 핵가족 시대에 상실되어 가는 공동체 정서를 복원시키기 위해 코뮌Kommunen을 꿈꾸었던 이른바 '신좌파'가 그것이었다.

이것은 정치적 비판이기도 하다. 근대에 이른바 공동체는 사라지고, 상호 직접적인 접촉 없이 오로지 기능적으로만 접촉하는 원자화된 사람들만 있을 뿐이다. 우리는 모두 도시 한가운데 익명으로 존재하며 서로에 대해 모른다. 어쩌면 이것이 전혀 나쁜 것만은 아닐 수도 있다. 다소 불확실한 것이 좋기 때문이다.

이러한 면에서 보면 진보나 퇴보에 대해 말할 수 없다. 잉글랜드의 어느 철학자는 진보 없는 퇴보는 없다고 말한 적이 있다. 무언가 잃을 것이 없다면 얻을 것도 없고, 그 반대도 마찬가지이다. 문제는 우리가 잃은 것보다 얻은 것이 더 많은가 하는 점이다. 이것은 다양한 사람들이 다양한 평가를 내리고 있다. 얻은 것보다는 더 많은 것을 잃었다고 생각하는 사람이 있는 반면에 그렇지 않다고 생각하는 사람들도 있다.

공동체가 없는 현대 사회에 살고 있다는 것은 편견이고 무서운 일인가? 내가 조용히 쉴 수 없기 때문에, 이 사회가 무섭다고 느끼며, 또 그것이 편견인가? 공동체는 이데올로기를 근간으로 지탱되는 경우가 많았다. 공동체에서는 다른 길은 가서는 안 되었고 정해진 올바른 길로 가는 것이 중요했다. 특정한 유형의 편견들은 사이비 공동체에 의해 만들어졌고 정치적 목적에 기여한다.

지배적 세계관

모든 사회에는 하나 혹은 여러 개의 지배적 세계관이 있다. 지배적 세계관이 여럿일 경우 하나의 세계관이 다른 세계관을 지배한다. 이를테면 프로이트의 표현을 빌려 표현하면 '중층결정 überdeterminiert'되는 것이다. 전통 사회에서는 종교가 근본적인 세계관이었다. 그리스인들에게 올림포스에 사는 신들의 세상은 세계를 해석하는 기능을 갖고 있었다. 그리스인들은 이 세상에서 일어나는 거의 모든 일들을 신화를 통해 설명하고, 온갖 삶의 문제에 대해 판단하고 그것을 해결하기 위한 이야기를 창작해 냈다. 문화적 기억을 표현하는 이 이야기를 통해 사람들은 삶을 이해하고 이야기하고 설명하였다.

지배적 세계관은 세상에 관한 지식을 내포하기도 한다. 천둥과 번개를 치게 하는 존재는 누구인가? 우리가 아픈 이유는 무엇 때문이며, 치유해 주는 존재는 또 누구인가? 이 모든 물음에 대해 사람들은 집단기억을 토대로 만들어진 신화에서 대답을 찾았다.

유일신 사회에서 종교는 세상사 모든 일들을 포괄하는 세계 해석이자 세계관이었다. 종교는 지식과 능력의 문제에 이르기까지 모든 도덕적 문제들에 대한 해답이었다. 이 세계가 눈에 보이는 현재의 모습을 띠게 된 이유는 무엇인지, 이 세상은 어떻게 만들어졌으며 인간은 어떻게 생성되었는지, 덕은 무엇이며 악덕은 무엇인지? 어째서 덕을 베푸는 사람이 있는 반면, 악행을 일삼는 사람이 있는지? 문제나 고민이 있는 사람은 교회에서 사제에게 질문을 던졌다.

그러나 현대 사회에서는 완전히 다르다. 오늘날에는 지식이 과학 속에 계속 축적되어, 그것이 지배적 세계관이 되고 세계에 대한 설명이 되고 있다. 몸이 아프면 사람들은 의사를 찾아간다. 심지어 옛날보다 훨씬 더 의사에 대해 다소 비합리적인 믿음을 갖고 있는 경우도 있다. 어떤 것에 대해 이해하지 못하면 관련된 전문 서적을 읽는다. 그렇지만 옛날 사람들이 종교에 대해 아는 것보다 오늘날 우리가 과학에 대해 갖고 있는 지식은 더 미미하다.

적어도 종교에 관해서는 많은 것을 알고 있지만, 예를 들면 컴퓨터를 어떻게 만드는지에 대해 아는 사람은 많지 않다. 옛날 사람들은 자신이 알고 있는 것만 행동으로 옮겼다. 요즘 사람들은 아주 많은 것을 알고 있지만 알고 있는 모든 것을 실천할 수는 없다. 우리는 컴퓨터를 켤 줄은 알지만 실제로 컴퓨터가 어떻게 작동하는지 그 원리에 대해서는 모른다. 우리는 많은 것을 학교에서 배우지만, 학교에서 배우지 못하는 것도 많다. 즉 수많은 기능들을 활용하고 있지만 그 이면에 어떤 과정이 있는지는 이해하지 못한다. 우리가 행동하는 것과 그에 관해 알고 있는 것 사이의 간극이 과학의 지배적 역할을 더욱 증폭시키고 있으며, 과학을 더 신뢰하게 만든다.

비록 과학을 이해하지 못할지라도 과학은 우리가 제기하는 물음에 대한 답변을 준다. 물론 이 사실이 종교의 역할이 사라졌다는 것을 의미하는 것은 아니지만 종교는 더 이상 삼라만상의 모든 문제들을 설명해 주지 못한다. 교회에 속한 사람이 삼라만상의 문제들을 과학적으로 설명하려 한다면, 그는 자신의 역할을 오해한 것이다. 철학과 마찬가지로 종교는 우리가 이 세상에 사는 것이 과연 어떤 의미가 있는지와 같은 인생의 가치에 대해 진술하는 것이다.

과학은 우리 인생이 어떤 의미를 갖고 있는지에 대한 답변을 주지 않는다. 그러한 문제들은 과학을 통해 규명될 수 있는 질문거리가 아니다. 즉 도덕적 물음에 과학은 어떤 답변도 줄 수 없으며 그런 질문들은 과학의 능력에 속하지도 않는다. 이러한 물음, 예컨대 영혼의 불멸성, 선과 악에 관한 문제에 답을 주는 것은 철학과 종교의 몫이다. 이러한 관점에서 종교와 철학은 여전히 그 역할을 갖고 있다.

아리스토텔레스와 플라톤의 말은 여전히 우리에게도 의미를 갖는다. 그렇지만 오늘날에는 이 세상이 원물질Urmaterial과 순수 형상으로 이루어졌고, 태어나기 전부터 사람들은 이데아를 알고 있으며, 현세에서 그 이데아를 되새긴다는 고대 철학자의 주장을 신봉하는 사람은 없다. 과학적 관점에서 그것은 전혀 관심의 대상이 아니다.

현대 문화에 대한 물음

19세기의 인류학은 정신과학의 분야로서 다양한 원시 사회를 연구하는 학문으로 여겨졌다. 인류학의 관점에서 보면 문화는 인간 집단의 도덕과 관습 그리고 세계관으로 이루어진다. 각각의 집단은 그 고유한 문화를 갖고 있다.

한나 아렌트는 이와는 다른 문화 개념을 제시했다. 아렌트의 문화 개념에 따르면, 문화는 '교양인'들에 의해 결정된다. 우리가 문화라고 말하는 것은 교양을 갖춘 사람들의 문화이다. 교양을 갖춘 사람이란 자신이 속한 세계의 이치와 질서뿐만 아니라 다른 세계, 다른 사람들에 대해서도 진지하게 귀를 기울이는 사람을 의미한다. 로마제국 때의 교양인은 그리스어를 사용하고 그리스 작가의 글을 읽고 이해할 줄 아는 사람이었다. 이런 의미에서 키케로 같은 사람이 진정한 교양인이었다.

중세 시대에도 이와 비슷한 문화 개념이 있었다. 대학에서 가르치고 사용한 말은 라틴어였다. 라이프니츠도 그의 책을 프랑스어와 라틴어로 작성했다. 당시 철학자이자 교양인들은 다른 문화를 인정했다. 이러한 견해에 대해 처음으로 비판적 입장이었던 사람은 레싱이었다. 레싱은 "프랑스어를 잊고 우리 자신의 문화를 발전시켜야 한다."고 말하면서 시민극을 작성했다.

근대에 이르러 새로운 문화 개념이 나타났는데, 한 지역의 문화 내부의 '고급문화'와 '저급문화'의 차이가 그것이다. 이 개념에 따르면, 높은 자리에 있는 문화와 낮은 문화가 있는데 실질적인 문화는 '위에 있는' 문화라는 것이다.

(헤겔이 현대 사회의 종교라고 했던) 예술과 과학은 고급문화에 속한다. 물론 이것은 평범한 사람들의 종교성이 아니라, 영적·신학적 종교관을 의미하는 것이다.

그러나 20세기에 이르러 달라졌다. 오늘날 자연과학은 더 이상 문화가 아니라 독립적 영역이 되었다. 고급문화는 본질적으로 예술이다. 소수의 사람들만 예술을 '읽고 이해'할 수 있기 때문에, '고급' 문화이다. 과거의 신분 관계가 오늘날에는 문화적 관계로 대체된 것이다.

신분 사회가 종식된 이후에도 '문화 시민계급Kulturbürgertum'이라는 새로운 계층이 생겨났다. 시민계급의 한 계층인 이 문화 시민계급은 다른 계층보다 수준이 높았다. 이 계층의 시민들은 시를 읽고 작곡을 했으며, 콘서트와 박물관을 찾았다. 아울러 신문과 잡지 제작을 지원했으며, 예술 후원자인 '파트롱Patron(Mäzen)'이 되었다. 이들이 이른바 '문화 계층'에 속했다. 공작에 오를 수 있는 신분은 없지만 화가가 될 수 있는 신분은 있었다.

헝가리-오스트리아 제국의 외무장관(1871~1879 재직)이었던 지울라 그라프 안드라시가 헝가리 화가, 미하이 문카치(1844~1900)를 자신의 가든파티에 초대하자, 사람들은 장관의 만찬장에 예술가를 초대한 것은 정신 나간 짓이라고 안드라시에게 비난을 퍼부었다. 그러자 안드라시는 이렇게 대답했다. "미켈란젤로 시대에 장관이 어떤 사람이었는지 기억하시나요?" 이 대답의 이면에는 이런 뜻이 담겨 있다. '예술은 영원하기 때문에 예술가는 우리보다 더 고귀한 사람들이다.'

현대 정치가들의 지위는 더 이상, 피라미드를 건설하고 그 때문에 불사不死의 존재가 된 이집트 파라오의 지위와 같지 않다. 현대 정치가들은 불사의 존재가 아니다. 물론 예술가들도 그러하며 이들도 그것을 알고 있다. 이것이 새로운 위계서열이다.

19세기 유럽에서는 계몽주의 이후, 특히 낭만주의 시대에 천재 숭배가 중요한 역할을 했다. 천재는 그 다른 사람이 할 수 없는 일을 하는 사람이다. 그러나 사회에서 천재를 움직이게 하는 사람, 천재를 알아보고 이해하는 사람이야말로 다른 사람들보다 뛰어난 사람이다.

문화 시민계급은 태생적인 것과는 무관한 일종의 위계서열을 만들었다. 현대의 인간은 우연하고 우발적인 존재이며 예술가도 그러하다. 이들은 상호 밀접하게 관련이 있으며, 이 세상과의 관계는 시장을 통해 맺어진다.

4.

인종·종족·종교적
편견들

인류학적 문화 개념

문화의 개념에는 다양한 문화적 편견들이 있다. 인류학적 문화 개념에서는 수많은 집단들이 각 집단의 규칙, 규범, 관습 그리고 그 행위들로 나누어진다. 그리고 세계관, 종교, 일상생활이 우리가 문화라 부르는 것들을 함께 형성하고 있다.

따라서 어떤 집단에 대해 연구할 것인지를 먼저 결정해야 한다. 청소년 문화가 있고, 고유한 문화를 가진 소수문화가 있으며, 역시 고유한 문화를 가진 다수문화 등이 있다. 한 강의실에 앉아 있는 학생들은 문화적 단일체일 수 있지만, 다른 강의실에서 다른 강의를 듣는 다른 집단과 구별되기도 한다.

이러한 인류학적 문화 개념을 고려할 때, 과연 하나의 문화가 다른 문화보다 우월한지, 문화의 위계서열을 설정할 수 있는 것인지, 고급문화와 저급문화를 구별할 수 있는지 등등의 물음을 제기할 수 있을 것이다.

이 개념에 의하면 모든 문화는 동등하다. 문화들 간에 위계서열 같은 것은 없다. 각각의 문화는 스스로 재생하는 고유한 기능을 충족하기 때문이다. 어떤 문화가 그럴 준비와 능력이 있다면 그 문화는 지속적으로 존재할 것이며, 그렇지 못하다면 소멸될 것이기 때문이다. 이러한 개념은 문화 자체의 내용과 무관한 일종의 (문화) 상대주의로 귀결된다. 즉 문화 자체가 재생 기능을 충족하고 있다는 사실에 입각해 보면, 규범과 규칙의 내용, 그리고 (예컨대 남성과 여성, 성인과 미성년자의 관계 등) 다양한 문화 구성원 간의 관계는 중요하지 않다는 것이다. 그렇지만 이러한 문화 개념도 편견이라고 말할 수 있는 여지는 있다.

각각의 문화가 동일한 기능을 충족하기 때문에 모든 문화는 서로 동등하다고 믿는 것은 편견이다. 그러나 인류학적 문화 개념의 대표자들은 다르게 생각한다. (신장이나 몸무게와 같은 정량적 가치를 제외하면) 두 사람 사이도 비교할 수 없듯이, 문화는 서로 비교 대상이 될 수 없다고 주장한다. 이들의 관점에 의하면, 비교를 위해 도출할 수 있는 기준은 없다.

자유민주주의의 기준을 적용하면 그것은 민족 중심적 관점이다. 문화에 관한 긍정적인 편견이긴 하지만 아무튼 민족중심주의도 편견인 것은 분명하다. 즉 유럽 문화가 다른 문화보다 우월하다고 여기기 때문이다. 우리는 남편이 사망한 후 아내도 함께 불에 태워 죽이는 일은 자행하지 않았다고 믿고 있다. 이것이 민족 중심주의이다. 우리는 우리의 가치가 다른 문화의 가치보다 더 우월하다고 믿는다. 문화는 서로에 대해 편견에 입각해서 발전된 개념으로 정의할 수 있다. 남편이 사망한 후 그의 아내도 함께 불에 태워 죽이는 원시적 문화에 비해 유럽 문화가 우월하다는 긍정적인 편견이 서로 대조를 이룬다.

자기 문화에 대한 긍정적인 편견은 과거의 문화를 보는 관점에도 유효하다. 우리는 중세를 '암흑'의 시대라 부른다. 당시 사람들은 개화되지 않았으며 새로운 유럽을 열기 위해 그 시대를 '극복'했다는 것이다.

우리는 현재의 유럽 문화와 우리 자신을 동일시한다. 이런 관점에서 중세 유럽 문화는 어두운 문화였고 우리 문화는 중세 문화에서는 찾을 수 없었던 아름답고 진정 바람직한 방향으로 발전했다는 것이다. 그러나 이러한 편견은 세계사 개념과 밀접하게 관련을 맺고 있다. 우리가 그 자체로서 전제하고 있는 것, 즉 원시 단계에서 시작된 역사는 지속적으로 진보를 이루었고 지금 진보의 정상에 서 있으며, 적어도 우리 스스로 어떤 방향으로 가야 할지 알고 있다는 점을 전제로 삼을 수 있느냐 하는 것이다.

‘위대한 서사’의 출발은 강한 비판을 받았으나, 이 관점에서 다양한 문화들이 구체적인 기준이 없는 상황에서 서로 비교가 가능해졌다. 왜냐하면 우리는 이미 역사를 갖고 있으며, 역사의 마지막 길목에서 역사의 시작을 이해하기 때문이다. 또한 우리는 지금 역사의 종점에 서 있기 때문에, 당연히 과거에 있었던 모든 것보다 우리가 더 진보했다고 믿기 때문이다.

　하지만 우리는 무조건 긍정적인 입장에 서서는 안 되며, 그와 반대되는 역사에 대해서도 이야기할 수 있을 것이다. 우리가 지금 살고 있는 시대는 데카당Dekadenz의 시대이며, 옛 역사가 지금보다 더 나았다고 볼 수도 있다. 그러나 본격적으로 역사에 대한 이야기를 한다면, 그것은 오스발트 슈펭글러의 책 제목『서구의 몰락』처럼 서양 몰락의 역사이다.

　이런 관점의 사유 방식은 예컨대 카를 마이와 제임스 F. 쿠퍼와 같은 작가들의 인디언 소설에서 찾을 수 있다. 이들의 작품에서 인디언은 이상화된 존재로 그려진다. 인디언은 정말 용감하고 자존감이 강한 사람들로서, 인디언 남성들은 남자답고 인디언 여성들은 여성으로서의 덕을 갖춘 여인들이다. 이렇게 이상화된 인간의 문화는 유럽 문화 외부에 존재한다.

　이 소설의 작가들은 서양 문화가 인디언 문화보다 더 열등하고, 세계는 퇴보하고 있다고 생각했다. 문명이야말로 인간의 삶과 행복 그리고 도덕에 해를 끼친다는 것이다. 이미 루소는 이러한 테제를 펼쳐 보였으며, 루소 이후 이런 관점에서 쓴 글들이 지금까지 이어지고 있다. 이미 서양이라는 이름의 '아벤트란트 Abendland'에는 데카당의 의미가 배어 있다. '동양', 즉 '오리엔트 Orient'는 '태양이 동쪽에서 떠오른다'는 의미인 반면에 '서양 혹은 서구'는 '태양이 서쪽으로 저물고', '우리와 함께 사라진다'는 의미를 내포하기 때문이다.

물론 이런 유형의 역사 기술에서 보면 유럽 문화의 역사도 이상화할 수 있을 것이다. 예를 들면 독일에서는 그리스 문화, 특히 아테네 문화를 이런 관점에서 발견하였다. 그리스 문화는 인간의 삶의 정점이었고, 그 세계는 가장 올바른 세계였다. 호메로스는 모든 시대를 망라해서 가장 위대한 시인이며, 아킬레우스는 진정한 영웅이다. 반면 아킬레우스와 비교하면 우리는 비겁한 소인배일 따름이다.

요한 요아힘 빙켈만은 독일에서 가장 잘 알려진 개념을 '창안한 인물'이었다. 독일인들은 자신들이 '새로운 그리스인'이며, 자신들이야말로 고대 그리스를 문화적으로 승계한 사람들이라고 자처했다. 그렇기 때문에 독일인과 그리스인은 동일한 방식으로 '깊이 있는' 민족이며, 반면 로마에서 출발한 프랑스의 모든 문화는 '천박한 것'이라고 생각했다.

하이데거가 말한 것처럼 '시인과 사상가의 민족', 즉 독일 민족 속에는 다른 민족에게는 없는, 그런 '깊이'가 있었는지는 모르지만 그 깊이를 누르고 승리한 것은 독일인들이 '천박함 Oberflächlichkeit'이라고 폄훼한 '로마의 정신, 법과 법률, 형식의 정신'이었다.

우리는 과거로 눈을 돌려야 한다. 그리스 문명과 비교하면 우리의 문명은 데카당의 문명이다. 소크라테스 이전 시대의 이른바 '근원적' 사유로 다시 돌아가야 한다. 아마 불가능하겠지만 우리가 그럴 수만 있다면 말이다. 이 '근원적 정신Ursprüngliche'은 아직 순수하다. 하이데거는 현대 기술 시대를 새로운 신만이 우리를 구원해 줄 수 있는 형이상학의 시대, 데카당의 시대로 규정하였다.

실러도 그리스 신들에 관한 시를 썼다. 그리스 신들이 사라진 것에 대해 실러는 안타까움을 금치 못했다. 그리스 신들은 그리스 문화와 더불어 사라졌기 때문이다. 물론 그리스인들이 우리보다 우월하다는 생각 역시 긍정적인 편견이기는 하지만 어쨌든 편견으로 볼 수 있다. 아리스토파네스의 글을 읽어 보면, 그 사실을 금방 알 수 있을 것이다. 아리스토파네스는 자기 민족과 문화에 대해 솔직하게 이야기한 작가였으며, 당시 사람이 오늘날 우리보다 더 열등하거나 우월한 사람이 아니었음을 보게 된다. 하나의 문화가 다른 문화보다 우월한 것이 아니라, 서로 다를 뿐이다. 이로써 우리는 긍정적 혹은 부정적 편견들에 대해 생각할 필요는 없을 듯하다. 다만 각각 다양한 문화들이 서로 다양하게 존재한다고 말할 수 있을 뿐이다.

편견

문화와 문명

문명과 문화 사이의 모순 역시 인류학적 문화 개념에 속한다. 이 문제에 관해서는 특히 독일어권에서 중요하게 여기고 있다. 영어권에서 '문화culture'와 '문명civilisation'은 같은 의미로 받아들여지고 있는 반면에, 슈펭글러와 같은 학자의 경우에서 보듯이 독일어권 철학과 사회학에서는 '문명Zivilisation'과 '문화Kultur'를 대립적 개념으로 이해하고 있다.

고대 그리스 시대에도 고급문화라는 것이 있었다. 그리스인들은 끊임없이 철학에 관한 토론을 즐겼다. 그들은 기술의 인간이 아니라 정신의 인간들Menschen des Geistes이었다. 물론 당시에 진보적 학문은 없었다. 그저 경험적이고 사색적인 앎이 있을 뿐이었지만 그것은 아주 높은 수준에서 집약된 것으로서 사람들이 행동으로 옮길 수 있는 최선의 것이었다.

그 반면 문명은 기술적이고 과학적인 성격을 갖고 있으며, 인간의 지식이 그 속에 응축되어 있다. 우리는 옛날에는 할 수 없었던 일들을 처리할 수 있는 단계에 이르렀다. 문명은 기술적 방식으로 우리의 삶을 규정한다. 그러나 정신은 점점 빈곤해지고 있다. 우리는 정신의 영역에서 살고 사유할 수 있는 인간인가, 아니면 '정신적으로 빈곤한 존재'로서 기술적 도구에만 매달리는 존재인가?

문명과 문화는 대립적 개념이다. 여기서 중요한 것이 편견이다. 현대인들에게는 더 이상 문화가 없다. 마르크스주의자는 이를 '소외Entfremdung'라는 말로 표현할 것이다. 어떤 경우든 문명의 발달로 인간의 정신은 더욱 퇴보하고 있다.

그러나 문명은 단순한 기술이 아니다. 다른 유형의 문명도 있다. 노베르트 엘리아스는 자신의 저서, 『문명화 과정』에서 이에 대해 기술하였으며, 이를 토대로 궁정사회에 관한 책도 출간했다. 현대 사회로 이끌어 온 문명의 발전을 진보로 해석해야 할지, 아니면 퇴보로 해석해야 할지는 전적으로 우리의 판단에 달려 있다. 엘리아스는 사실을 중요시했다. 그가 말한 것은 어떤 일이 왜 일어났는지에 관한 것이다.

엘리아스는 문명화 과정이 궁정문화에 대한 문제 제기와 시민 계급의 탄생과 더불어 시작되었다고 보았다. 귀족들이 행했던 것이 문화이고 그들의 업무가 문명에 속한다. 궁정에는 사람들이 어떻게 처신해야 하는지 알아야 할 의례와 전통이 있었다. 자신보다 지위나 신분이 높은 사람에게 인사하는 예절은 자신과 같은 지위와 신분에 있는 사람에게 인사하는 방식과 달랐다. 어떤 사람에게 존칭을 쓰고 말을 놓아야 하는지 대단히 명확했다. 부모님께는 존칭을 쓰고, 자녀나 노예에게는 말을 놓았다. 처신을 잘못하는 사람은 문명화되지 않았거나 교양이 없는 사람 대접을 받았다. 당시에는 문화와 문명 사이의 차이가 없었다.

그러다가 시민계급이 등장하기에 이르렀다. 시민계급은 귀족들을 그저 모방하기만 할 것인가 하는 선택에 직면했다. 그러나 그렇게 하는 것은 벼락부자나 졸부들의 행태였다. 시민계급은 귀족의 말투와 생활 방식에 적응하려 했다. 시민계급 출신의 몰리에르는 그의 희극 작품에서 이런 모습을 우스꽝스럽게 묘사하고 있다. 엘리아스는 이제부터는 수프를 뱉어서는 안 되고 각자 자기 숟가락을 갖고 식사하는 것이 문명화의 첫 단계라고 말한다. 또한 시민계급 사람들은 거리에서 서로 인사를 해야 하는데, 인사를 받으면 반드시 그 인사에 응대해야 한다.

시민계급에 속한 사람들은 귀족과는 다른 옷을 입어야 했다. 그 때문에 새로운 유행이 생겨났다. 귀족은 일반적으로 금색이나 은색, 붉은 색이나 파란 색 등 다양한 색깔의 옷을 입었다. 그러면 시민계급은 검은 색이나 회색 옷을 입곤 했는데, 귀족과는 다른 우아한 멋을 선보였다. 시민계급 여성들도 귀족 여성들과 다른 옷을 입었다. 귀족들보다 더 잘 입는 것이 문제가 아니라, 달라 보이게 하는 것이 중요했던 것이다. 시민계급은 자신만의 풍습과 관습을 만들려고 노력했다.

옛날, 이른 아침에는 선택받은 사람들만 참석하는, 왕을 알현하는 접견 시간이 있었다. 그 시간을 위해 왕은 벌거벗은 채 서서 옷 입히는 시중을 받았다. 그러나 시민계급 사회에서 이것은 금지된 행동이다. 다른 사람에게, 심지어 부부지간에도 벌거벗은 자신의 몸을 보여서는 안 되었다. 사람들은 자기 몸을 다른 사람의 시선으로부터 보호해야 했다.

문명화 과정은 섹슈얼리티의 영역에서 아주 강하게 나타난다. 귀족들 사이에서는 시민계급에게는 경멸적으로 보였던 많은 것들이 자유롭게 이루어졌다. 여기서 매우 엄격한 섹슈얼리티의 규범과 사회성이 생겨났다. 이 모습은 언어를 통해서도 표현된다. 즉 옛날에는 궁정의 예의범절을 뜻하는 'Höflichkeit'가 이제는 '교양 있는 행동', 영어로 'civility' 또는 'courtesy'로 바뀐 것이다.

시민계급 내에서는 결혼에 대한 규정도 새로 만들어졌다. 이전에는 부모 혹은 중매인이 짝을 맺어 주었다. 물론 여전히 돈이나 인맥이 결혼에 중요한 역할을 하고 있지만 그때부터 결혼은 기본적으로 사랑을 바탕으로 이루어졌다. 봉건사회에서는 지극히 자연스러운 것이었지만, 시민계급 사회에서 혼외자식婚外子息은 받아들여지지 않았다. 봉건사회에서 아버지는 혼외자식을 인정하고 때로는 땅을 물려주는 경우도 있었으며 왕국 내에서 정치적 역할을 행사하게 하기도 하였다. 그러나 시민계급 내부에서 혼외자식의 존재는 엄청난 수치로 여겨졌다.

시민들은 궁정보다 더 도덕적이기를 원했다. 그들은 귀족은 기껏해야 명망만 앞세울 뿐 그리 자랑스럽게 내세울 것이 없는 사람들이라 생각했다. 물론 그것이 시민적 덕목은 아니었다. 시민계급의 가치는 품위였다. 명망은 아무 소용도 없으며, 품위가 전부가 된 것이다.

시민계급이라는 새로운 계층이 그들의 고유한 생활 형식을 규정하고 구별짓기 위해 19세기까지 발전시킨 모든 것들은 나중에 그들 후대에 의해 편견으로, 그다지 의미 없는 단순한 관습으로 치부되었다. 토마스 만의 사회소설 『부덴브로크 가家의 사람들. 한 가정의 몰락』 역시 이러한 시민계급의 자부심과 시민계급의 생활 형식에 잘 적응하는 그 집안 아들의 문제를 보여주고 있다.

귀족계급과 상반된 시민계급의 독자적인 윤리 규범이 형성되기 시작한 초기 단계에 그것은 편견이 아니라 귀족과 시민 간의 대립적인 편견의 결과였다. 그러나 몇 대代째 이어지면서 이 편견들은 더 이상 인정받지 못하고 반항에 부딪혔다. 화가 막스 에른스트가 신앙심이 돈독하고 엄격한 아버지와 갈등을 빚었던 것처럼 말이다.

20세기 초 새로운 세대에게 문화는 더 이상 문명과 동일한 것으로 여겨지지 않았다. 다시 자유가 중요한 화두로 떠올랐다. 전통적 견해들은 깨뜨려 버려야 할 속박으로 받아들여졌다. 공산주의자이건 파시스트이건 사람들은 시민적 생활과 어떤 형태로든 얽히는 것을 원치 않았다. 이들에게 기존의 관습과 견해들은 편견 덩어리였다.

오늘날 엄격한 시민계급의 규범은 사라졌거나 극소수 계층에게만 그 특성이 남았을 뿐이다. 청소년 문화는 결코 시민계급의 문화가 아니다. 고등학교 졸업 사진 속의 나의 아버지는 마치 50

대 중년 모습을 한 젊은이다. 그 시대의 젊은이들은 지나치게 진지했고, 그래서 벌써 '시민'이었다. 하지만 요즘 젊은이들을 보면 완전히 다른 모습이다. 언제부터 이렇게 되었는가? 1968년 신좌파는 당시 사회생활의 행동 양식과 문화와 관련된 시민계급 문명의 전통을 해체하려 하였다.

오늘날에는 사람들이 오페라에 가기 위해 또는 손님을 맞이하면서 특별히 예쁜 의복을 갖춰 입지는 않는다. 그리고 '혼외' 자식이라는 용어나 개념도 더 이상 사용하지 않는다. 굳이 결혼을 하지 않고도 같이 사는 경우가 많기 때문이다. 50년 전에는 동성 간의 결혼은 아주 부조리한 짓으로 여겨졌을 것이다.

시민계급의 문명화 과정은 퇴보를 거듭했다. 그 이유는 분명 더 이상 계급사회가 존재하지 않게 되었으며, 시민들이 귀족과 다른 자신들만의 전통을 더 이상 발전시키지 못했기 때문이었을 것이다. 이러한 문화 개념에도 불구하고, 부정적으로 판단하든 긍정적으로 판단하든 문명화 과정이 일어난 곳에서, 그리고 부정적 판단과 긍정적 판단이 서로 조화를 이루었던 곳에서, 문화와 문명은 모순된 것으로 해석되었다.

이 책에서 더 이상 자세히 다룰 수는 없지만, 이 역사는 무수히 많은 부차적인 관점들을 갖고 있다. 한 가지 실례가 그것을 위해 나름의 규준을 발전시켜 온 시민계급 매춘부들의 섹슈얼리티이다. 매춘부 가운데에는 베르디의 오페라 〈라 트라비아타〉의 여주인공처럼 아주 매혹적이고 덕성을 갖춘 여자들이 많았다. '타락한 여자들'은 이상적인 존재로 여겨졌고, 이런 이상적 이미지화는 전통에 저항하는 혁명을 의미했다. 시민계급 사회가 업신여겨 왔던 것들이 그때부터 이상적인 것으로 받들어진 것이다. 이는 그것을 업신여겼던 사고방식이 편견이라는 사실이 밝혀지면서부터 일어난 현상이었다.

고급문화 개념

두 번째 문화 개념은 고급문화이다. 고급문화에서 역사성 개념은 중요하지 않다. 위계서열은 시간적인 것이 아니라 공간적이기 때문이다. 이 개념에 의하면 예술에도 고급예술과 저급예술이 있다. 전자는 정신예술이며, 후자는 흥미와 재미를 주는 것이다. 저급예술은 문화를 알지 못하는 사람들, 정신적인 것에 관심이 없는 사람들을 위한 예술로, 통속적이고 상업적인 대중예술을 일컫는 '키치Kitsch'나 '길거리 예술Boulevard'이 그것이다.

시민계급 사회가 형성되기 시작한 초기에는 예술과 과학도 문화에 포함된 것으로 생각했다. 19세기 이후 등장한 '교양인' 개념은 예술 속에 어떤 의미가 있는지 아는 사람, 예술을 식별할 수 있는 사람 그리고 피아노를 연주하든 그림을 그리든 시를 쓰든, 직접 예술 활동을 할 줄 아는 사람이었다. 당시 사람들이 편지를 썼던 것도 대중 앞에 낭송하기 위한 의도였던 경우가 많았다. 유려하게 편지를 쓸 줄 아는 사람은 경탄의 대상이었다. 편지 내용 때문만이 아니라 그런 삶을 사는 생활 형식 때문에 그러했다.

물론 이 모습이 시민계급 모두에 해당하는 것은 아니었지만, '문화 시민계급Kulturbürgertum'에게는 전형적인 모습이었다. 시민이라면 문화와 관련된 특정한 정보거리를 선보여야 했으며, 교양을 갖추었다는 시민은 최신 학문 동향들을 어느 정도 알고 있어야 했다. 그때는 연극의 시대였으며, 공식·비공식 콘서트를 즐겼던 시대였다. 당시에는 과학만큼이나 예술도 중요했다. 그러나 오늘날에는 이와 다르다. 그 사이 과학은 대단히 복잡해져, 일반인들은 더 이상 이해할 수 없을 단계까지 이르렀으며, 과학에 관한 정보는 간접적인 경로를 통해서만 접할 수 있을 뿐이다.

고급문화에서 예술 작품은 세 단계 국면으로 진행되었다. 첫 번째 국면은 창조성 단계이다. 시민계급 사회에서 예술 작품을 창작하는 사람은 이상적인 존재로 추앙되었다. 이들은 곧 천재였다. 칸트도 『판단력 비판』에서 천재에 대해 언급했으며, 괴테와 헤겔 역시 이들에 대해 이야기한 바 있다. 천재들은 하느님으로부터가 아니라 자연적으로, 즉 태생적으로 천재로서의 재능을 물려받은 것이다. 이들은 평범한 시민보다 우월한 재능을 타고났으며 그렇기 때문에 이 세상에 새로운 그 무엇을 선사하는 존재들이다.

이러한 의미에서 유럽 문화는 내가 높이 평가하는 중국 문화와는 다르다. 중국의 회화에서 중요한 것은 새로운 무엇을 창조하는 것이 아니었다. 이미 수백 년 전에 그려졌던 모습을 완벽하게 그릴 줄 아는 사람이 가장 훌륭한 화가로 대접받았다. 이 풍토는 20세기 초까지도 그러했다. 하지만 유럽에서는 이와 정반대였다. 사람들은 끊임없이 새로운 것들을 창조해 내야 했다.

그렇지만 어떤 사람이 새로운 그 무엇을 창조했을 때, 일반적으로 처음부터 그가 인정받을 수 있었던 것은 아니었다. 새로운 것에 대한 열망보다는 익숙한 취향의 전통이 훨씬 더 강했기 때문이다. 그러다가 새로운 것이 품어 내는 매력의 맛에 빠지면, 새로운 것은 곧 우상Idol이 되었다. 옛 시대에는 오래된 것이 훌륭한 것이고, 오래된 것일수록 더 좋은 것이라 여겼던 반면에, 이제 '새로운' 것이라는 말은 '훌륭하고 아름답고 좋은 것'이라는 의미로 받아들이게 된 것이다.

두 번째 국면은 예술 작품의 시장화 단계로서, 시민계급 사회의 범주에 속하는 국면이기도 하다. 시장 상황들이 예술 작품에도 적용되면서 이른바 예술비평을 통해 편견의 대상이 되었다. 이 흐름은 19~20세기에 급격히 확산되기에 이르렀다. 테오도어 W. 아도르노는 이에 관한 가장 유명한 분석을 내놓은 철학자이다.

문화 비평가들은 시장에 대한 편견을 갖고 있었으며, 시장 사회에 대해 극도로 부정적 입장을 보였다. 예술가가 돈에 관심을 갖고 있다면 스스로 예술가의 품위를 떨어뜨리는 것으로 여긴 것이다. 문화 예술 작품이 돈으로 거래된다면 문화 예술 작품의 존재 가치는 사라질 것이라는 것이다. 이들은 진정한 문화의 시대는 사라졌고, 시장이 예술이 종말을 가져왔다고 믿었다. 그것이 데카당이다.

베토벤의 생각은 달랐다. 언젠가 베토벤은 자신은 행복한 사람이라고 말한 적이 있다. 가난한 모차르트는 하인과 같이 식사를 하고, 그가 오페라를 개최할 수 있을지는 오로지 요제프 2세에 의해 좌우되기 때문이라는 것이었다. 그러면서 모차르트는 마치 자유로운 사람처럼 상인에게 악보를 팔아치우고 그 누구의 기분도 맞추지 않고 있다는 것이다. 이런 의미에서 보면 특히 일단 창작된 작품의 운명과 관련하여 시장에 관한 상반된 두 관점이 있음을 알 수 있다.

세 번째 국면은 수용 단계이다. 문화 및 과학 관련 저작은 사람들에게 수용된다. 사람들은 박물관이나 콘서트에 가기도 하고 피아노로 악보를 연주하기도 한다. 그리고 사람들에게 받아들여지지 않으면 예술 작품은 존재할 수 없다. 즉 수용되지 않으면 그저 형상일 뿐이며 악보는 종잇조각에 불과하다.

문화나 예술을 수용하는 과정에서도 편견은 존재한다. 고급문화만을 받아들이는 사람은 진정 교양 있는 사람으로 인정받았다. 물론 문화비평 입장에서는 더 많은 사람들이 고급문화에 대한 이해를 키워 나갈수록 그 문화를 실제로 이해할 줄 아는 사람은 점점 줄어들 것이라고 생각했다. 문화비평의 견해에서 보면 수십만 명이나 되는 사람들이 박물관과 콘서트 장을 찾는 오늘날에는 진정한 문화는 없다. 아도르노에게 이 문화 수용자들은 '퇴행적인 청중'일 뿐이다. 이들은 예술 작품을 실제로 이해할 줄 모르는 사람들이기 때문이다. 이들은 데카당의 상징이며 예술의 종말을 의미하는 존재이다.

니체는 문화란 노예 없이는 존재할 수 없기 때문에 노예를 필요로 한다고 말한 바 있다. 현대 문화 비평가들은 더 이상 그렇게 말하지는 않는다. 하지만 오늘날 많은 사람들은 예술 작품의 본질을 이해하지 못하면서 수동적으로만 문화를 향유하고 있다. 예를 들면 사람들은 스스로 피아노를 연주할 줄 모르면서 피아노곡을 듣는다. 아도르노가 보기에 이것은 퇴행이고 퇴보일 뿐이다. 그러나 이것도 편견이다.

프루스트는 음악을 즐기는 고급 시민사회 계층에서는 대부분 단 한 번도 악곡 전 악장을 들어보지 못한 경우가 대다수라고 말한 적이 있다. 이들은 기껏해야 한 악장만을 듣고 이해했을 뿐이라는 것이다. 프루스트의 작품을 읽어 본 사람들은 우리가 오늘날 퇴행적인 청중에 대해 이야기하는 것이 우습다고 생각할 것이다. 물론 요즘에는 비단 그리 높은 수준의 교양을 갖춘 청중이 아니라 하더라도 콘서트 장에서 서너 악장을 듣기도 한다.

요즘 박물관에 가면 진정한 관심을 키우고 있는 수많은 사람들을 볼 수 있다. 이 모습을 아도르노가 본다면 아마 "관심은 미학적 범주에 속하지 않는다!"라고 말할지 모를 일이다. 그렇지만 이것도 편견에 속한다. 우리가 관심을 갖게 되는 것에 대해 우리 스스로 부끄러워 할 이유가 무엇이란 말인가?

문화적 담론 개념

세 번째 문화 개념은 근대 이전에는 없었던 것, 즉 문화적 담론에 관한 것이다. 현대 철학에서는 '담론Diskurs'이라는 범주에 아주 핵심적인 역할을 부여하고 있다. 물론 그전에 칸트도 이에 관해 언급했으며 직접 실제로 적용하기도 했다. 칸트는 담화를 나누기 위한 목적으로 손님들을 점심 식사에 초대한 적이 있다.

이 자리에서는 특정한 결론을 도출하기 위해 대화를 나눈 것이 아니었다. 어떤 활동이나 계획에 관한 대화도 아니었다. 그저 대화 자체를 위한 대화였다. 칸트의 모임에 참석한 사람들은 즐거운 마음으로 토론을 즐겼다. 이 자리에서는 수많은 현안들에 관한 토론이 오고갔다. 사람들은 이 모임에서 다른 사람들과의 대화를 통해 자신의 생각과 이념을 향상시켰으며, 견해들을 서로 교환했다. 대화는 그렇게 이어졌다.

칸트는 친구들과 대화 에티켓을 개발했다. 예를 들면 수프를 먹을 때는 정치에 관한 내용, 메인 메뉴가 나오면 예술과 철학의 문제 등 정신적인 내용을 주제로 삼았다. 그리고 후식을 먹을 때는 가벼운 위트는 물론 예술을 대화의 주제로 삼기도 했다. 식사를 마친 후 커피를 마실 때는 여성들도 대화 모임에 참석하여 내용을 가리지 않고 온갖 이야기를 나누었다.

이 자리에서 제일 중요한 것은 모든 사람이 빠짐없이 말을 해야 한다는 것, 그 누구도 다른 사람보다 잘난 체하거나 실망하는 태도를 보여선 안 된다는 것, 부러워하거나 뽐내서도 안 된다는 것이었다. 실용적 이해관계에 따라 토론에 참여해서도 안 되었다. 유일한 관심 사항은 문제에 대해 서로 토론한다는 데 있었다. 물론 모든 사람이 자기 의견을 표명할 수는 있지만 문제에 대한 해답을 결정하지는 않았다. 합의도 필요 없었다. 모임의 동기는 토론 자체를 즐기는 것이었다.

이것이 진정한 문화, 토론 문화이다. 동시에 이것은 사적 생활에서 토론이 제도화된 근대의 모습이기도 하다. 위르겐 하버마스는 젊은 시절, 『공공성의 구조변화』라는 역작을 발표하였다. 하버마스는 이 책에서 이런 토론이 어느 장소에서 이루어지는지를 기술하고 있는데, 이를테면 카페에서도 토론의 장이 마련될 수 있다는 것이다. 백과전서파들은 당시 가장 인기 있는 음료였던 코코아를 마시기 위해 회합하기도 했다. 돈 조반니도 성城에 손님들을 초대해서 샴페인이 아니라, 당시에는 사치품으로 여겼던 커피와 코코아를 접대했다고 한다.

예전에 파리, 베를린에 무수히 많았던 살롱에 이어 등장한 것이 카페였다. 카페는 주로 여성들이 경영했는데 토론 모임을 조직화하는 데 기여한 것도 이 여성들이었다. 새로운 사람들과 관계를 맺을 줄 알았던 시민계급 출신의 여성들이 많았다. 그 대표적인 인물이 철학자 쇼펜하우어의 모친이었던 요한나 쇼펜하우어였다. 평생의 반려자와 결혼하지 않았던 괴테는 그 누구로부터도 초대받지 못했다. 요한나 쇼펜하우어를 제외하고는. 그녀는 편견을 갖고 있지 않았던 사람이었으리라!

중요하다고 여긴 모든 문제들이 토론의 대상이 되었다. 토론과 대화 과정에서 어떤 사람이 발언한 내용들은 그의 사생활이나 공적 생활에 전혀 영향을 주지 않았다. 벤저민 프랭클린을 포함해서 미합중국의 기초를 닦은 사람들도 런던의 카페를 찾아 그곳에서 아메리카에 대한 자신들의 견해를 피력했다. 그렇다고 이 견해들이 이들 각자의 사회적 위상에 전적으로 영향을 끼친 것도 아니었다. 다양한 의견들을 서로 교환한 것뿐이었다. 이것이 바로 담론 문화이다.

이러한 문화 개념에는 편견이 없다. 사회에서 책, 드라마, 콘서트, 정치 상황 등에 관해 자유롭게 토론을 나누고 집에 돌아간 사람이라면 그들 중 편견을 키울 사람이 있을까? 편견을 증폭시킨 사람들은 아마 토론에 참석하지 않은 사람들일 것이다. 그것은 그저 소문이나 험담일 뿐이다. 토론에 참석한 사람들은 그런 것에는 관심이 없었다. 다만 그 자리에서 표명된 입장과 대화의 내용들을 자신의 삶에 적용하려 하였다.

덧붙이는 말: 진리의 개념에 관하여

철학자들은 '진리란 무엇인가?' 그리고 '진정한 진리는 또 무엇인가?'라는 물음을 구분한다. 종교가 제기하는 물음은 오로지 두 번째 물음이다. 종교는 첫 번째 물음을 이미 전제로 한다. 예컨대 예수 그리스도는 빌라도에게 "내가 곧 진리이다."라고 말했다. 이것은 종교적 진리를 의미한다.

진리 개념이 없다면 철학은 존재할 수 없다. 현대인들은 고대의 형이상학 철학자들이 추구하고 찾았던 단 하나의 유일한 진리를 이제 더 이상 찾지도 추구하지도 않는다. 현대적 개념의 진리는 자크 데리다 식으로 표현하면 해체Dekonstruktion이다. 데리다는 진리의 개념으로 모든 진리 개념을 해체한다. 진리 개념 그 자체는 해체할 수 없기 때문이다.

세상에는 무수히 많은 진리의 개념이 있다. 이러한 맥락에서 막스 베버는 현대 사회의 다신론Polytheismus에 대해 말한 바 있다. 현대인들은 다신론적인 세계 속에 살고 있는데, 경제, 정치, 예술, 종교, 법률 등 다양한 영역이 존재한다는 것이다. 각 영역은 각각 고유한 진리를 갖고 있다. 우리는 이를 '영역Sphäre'이라 일컫는데, 각 영역의 진리는 다른 영역의 관점에서 비판을 받지만 다른 영역을 대신할 수는 없다. 이것은 매우 중요한 문제 제기이다. 종교 영역에 있는 진리는 예술, 법률, 정치 영역의 진리와는 다른 것으로 간주된다.

종교 영역에서는 언제나 '드러냄Revelation', 즉 계시적인 진리만이 있을 뿐이다. 종교적 진리는 외적인 존재에 의해 드러난 진리이다. 그리스도교 개념에서 진리는 은총이며, 계시Offenbarung이다. 예술에도 계시화된 진리가 있다. 예술 작품 자체는 수용자에게 진리를 드러낸다. 철학 역시 계시화된 진리이다. 다만 철학의 진리에서는 논리적 과정이나 논증을 통해 진리에 도달한다. 그럼에도 이것도 계시화된 진리이다.

반면 정치에서는 계시화된 진리는 없다. 법률, 경제, 과학의 영역에서도 역시 그러하다. 이 영역들에서는 진리가 아님을 증명할 수 있는 것, 반론의 근거가 되는 기준들이 있는 것만이 진리이다. 반론의 가능성이 없다면, 과학적 혹은 정치적 명제에서 결코 진리일 수 없다.

철학, 예술, 종교에서의 계시된 진리는 입증할 수 있는 대상이 아니다. 내가 어떤 것이 아름답다고 생각한다면, 그 누구도 그것이 아름답지 않다고 나를 설득할 수 없다는 말이다. 종교에서도 어떤 사람이 하느님은 존재하지 않는다고 말할 수는 있다. 그렇지만 이 말은 종교 외적인 발언이지 종교 내적인 발언은 아니다. 철학에서도 마찬가지이다. 어느 철학자가 어떤 것이 진리라고 생각하면, 그에게는 그것이 진리인 것이다. 다른 영역에서라면 그 것은 입증되어야 한다. 그렇지 않으면 그것은 진리가 아니다.

현대인들은 다양한 영역에서 생활하고 있다. 어느 한 영역의 진리 개념을 다른 영역에 적용한다면 그것은 잘못된 것이다. 이것 은 이데올로기에서도 그러하다. 정치 영역 내에서 인종에 대해 이 야기하면서 계시의 진리 개념을 적용한 일이 있었다. 그러나 이는 타당하지도 않으며, 거짓으로 증명된 것이 진리로 둔갑한 경우 이다. 한 영역의 진리 개념을 다른 영역에 적용하면 지켜야 할 선 線을 넘는 것과 같다. 그것은 긍정적인 의미에서 현대적이지 않은 것이다.

인종주의

인종주의는 원칙적으로 편견이다. 왜냐하면 '인종Rassen'은 원 래 존재하지 않기 때문이다. 문화적 편견을 갖고 있는 사람은 존 재하는 그 어떤 것에 대해 편견을 갖는다. 계급에 대한 편견은 실 제 있는 것에 대한 편견이다. 예컨대 사람들은 부르주아지나 프 롤레타리아 또는 귀족에 대해 편견을 갖고 있다. 물론 이 역시 편 견이지만 계급은 엄연히 존재한다. 여성에 대한 편견을 갖고 있다면 여성이 있다는 의미이다.

인종주의는 각별한 문제이다. 인종 개념은 편견을 만들어 내기 위해 고안된 것이기 때문이다. 일반적으로 여러 형태의 편견은 특정 사실에 관한 각별한 해석과 관련되어 있다. 예를 들면 지금 광범위하게 퍼져 있는 동성애에 대한 편견이 그것이다. 그렇지만 인종 문제에 대한 언급은 실제로 존재하지 않는 것을 이야기하는 것이다. 즉 실체가 있는 문제에 관한 이해가 아니라, 추상적인 구성Konstruktion인 것이다. 인종 개념은 여러 형태로 존재하는 사실, 문제, 현상에 입각한 구성일 뿐이다. 그렇지만 어떤 경우든 그것은 구성에 불과하다.

물론 훌륭한 구성도 있다. 예컨대 이성과 같은 것이 그것이다. 이성이 없다면 우리는 생각과 추론과 논증의 현상들을 보고 구성해 낼 수 없을 것이다. 이 구성은 어떤 목적에 사용되는가? 이성이나 정신은 절대 사악한 일에 사용될 수 없는 철학적 구성들이다. 반면에 인종이라는 구성은 사악한 일에 사용하기 위해 고안된 것이다.

한나 아렌트는 전체주의에 관한 책 『전체주의의 기원』에서 인종 이론에 관해 기술한 바 있다. 그녀는 프랑스인 아르튀르 드 고비노를 인종주의의 아버지라고 말한다. 그렇게 보면 인종주의는 영국이나 독일이 아니라 프랑스에서 만들어진 셈이다. 인종주의는 계급 이론을 뒷받침하기 위해 만들어졌다. 더욱이 이른바 귀족이 우월하다는 관념에 대한 회의가 이미 널리 퍼졌던 시대에 말이다.

당시 사람들은 어째서 귀족이 시민계급보다 더 높은 지위에 있어야 하는지 의문을 제기했다. 이에 대한 고비노의 대답이 바로 "귀족은 시민계급이나 농부들과는 질적으로 다른 인종"이라는 것이었다. 프랑스 사회에도 게르만 인종과 프랑크 인종이 있지만 이들은 중요하지 않고, 가장 고상한 계급이 게르만 인종이라는 것이었다.

고비노가 계급 차이는 없지만 지도자와 지도를 받는 자 사이의 인종 차이는 있다고 주장한다. 귀족의 혈관에는 "푸른 피"가 흐르고, 시민과 노동자의 혈관에는 다른 피가 흐른다고도 했다. 이 말은 당시에는 은유적인 의미로 받아들였지만 고비노는 이 은유를 사실로 생각했다. 그에게 귀족은 다른 인척, 다른 역사, 다른 혈통을 가진 사람들이다. 귀족은 다른 세계에서 왔으며 전혀 다른 태도로 체화體化된 존재로서, 완전히 다른 가치관과 가능성을 갖고 있는 사람들이다. 이 귀족이 바로 인종이다.

한 종족 집단이 다른 집단보다 더 우월하다고 생각하는 것은 인류의 역사만큼이나 오래되었다. 그리스인들은 자신들이 우아하고 훌륭한 교양인이라 생각했다. 그래서 플라톤은 국가에 관해 집필한 『국가』에서 헬레네 사람(고대 그리스인들이 스스로를 일컫는 말―옮긴이)을 노예로 부리는 것은 금지해야 한다고 주장했다. 반면 바바리안(그리스인이 아닌 사람들―옮긴이)들은 노예로 태어난 사람들이라고 말했다. 이 차이는 종족의 차이이다. 현대적 의미에서 그 이면에는 무서운 편견이 숨어 있다. 그러나 당시에는 인종 문제라기보다는 이들의 혈관에 다른 피가 흐르고 있다는 관념 때문이었다. 오늘날에도 이 세상 거의 모든 곳에서 문화적 차이에 대해 이야기하기도 한다.

인류학적 문화 개념에서 모든 집단들은 자신들이 선, 아름다움, 우아함, 실체를 구현하고 있다고 생각한다. 다른 집단, 즉 이방인들은 항상 나쁜 세력, 악한 세력, 열등하다고 본다. 우리는 우리가 속한 집단과 동일시한다. 다른 문화, 다른 집단, 다른 민족들은 악하고 사악한 사람들이며 우리보다 열등한 사람들이다. 이런 생각이 종족에 대한 편견 혹은 신분에 대한 편견이지만, 인종적 편견은 아니다. 그 이유는 이런 생각은 (오늘날 우리가 알고 있는 바와 같이) 특정 집단에 속한 사람들을 생물학적, 태생적인 것으로 확정하여 단정짓지는 않기 때문이다.

인종 이론은 종족 관련 이론과 같은 의미로 볼 수 없는 완전히 다른 이론이다. 물론 예외는 있었는데 19세기 스페인과 포르투갈의 반유대주의 법률들이 그것이다. 이 법률들은 최초의 인종법이며, 이로써 유대인에 대한 편견이 원래 고대와 중세 때부터 있었음을 알 수 있다. 유대인이 믿는 종교는 거짓으로 여겼다. 즉 유대인들은 그리스도를 죽인 자들이며, 이들이 구원을 받을 수 있는 유일한 길은 그리스도교로 개종하는 것뿐이라는 것이다.

그것은 반셈족주의Antisemitismus가 아니라 반유대주의 Antijudaismus였다. 하느님은 그리스도교도들과 새로운 계약을 맺었으며, 이로써 낡은 계약은 그 효력을 상실했다는 것이다. 이로 인해 시너고그Synagoge(유대 회당 혹은 유대 예배당—옮긴이)와 교회 간의 싸움이 일어났고 교회가 승리를 거두었다. 이러한 중세적 관념이 중세 후기 아주 서서히 스페인과 포르투갈에 퍼져 나갔다. 10세기에서 15세기까지 유대인들은 스페인과 포르투갈에서 황금시대를 경험했다. 그리고 그 다음 벌어진 사건이 레콘키스타Reconquista, 즉 무슬림에 맞선 스페인의 재정복 운동이었다. 그리고 가톨릭 왕들은 스페인 남부 전역을 장악했다.

무슬림에 대한 위협이 사라지자 유대인과의 문제가 발생하기 시작했다. 물론 여기에는 사회적 요인을 비롯하여 여러 요인들이 있었다. 전 인구의 80퍼센트가 자기 이름조차 쓸 줄 몰랐던 당시에 모든 유대인 남성들이 글을 읽고 쓸 줄 알았던 상황을 상상해 보라. 이는 엄청난 문화적 차이가 있었음을 의미한다. 유대인들은 문화적으로 훨씬 우월했으며 특히 사회적 신분과 지위가 아주 높았다. 거의 모든 의사들은 유대인이었으며, 왕이나 이슬람 지도자의 전속 의사 역시 유대인이었다. 대규모 해운업자, 국제 상인들도 유대인이었다. 아메리카 대륙에 처음 발을 내딛었던 최초의 유럽인도 콜럼버스의 의사였던 유대인이었다.

유대인 여성, 그라시아 멘데스 나시(1510~1569)는 그때까지 가장 부유한 상인의 아내였다. 그녀는 포르투갈, 플랑드르 그리고 이탈리아에서 생활하는 동안 자신이 유대인이라는 사실을 숨기고 가톨릭교도로 살았다. 그러다 이후 이스탄불로 가서 술탄과 친분을 쌓았으며 유대인임을 공개적으로 밝히고 생활했다. 그녀는 합스부르크 가와 술탄에게 전쟁 수행에 필요한 엄청난 자금을 대부해 주었다. 멘데스 나시는 수많은 유대인의 목숨을 구했으며, 남편이 죽자 '거룩한 땅'에 안장하기 위해 그의 심장을 팔레스타인으로 보냈다.

당시 주민 계층의 사회적 간극이 사회적 반유대주의를 낳았고, 근대 유럽 사회까지 지속적으로 이어진 것이다. '우리'에 속하지 않는 사람, 다른 종교를 믿는 사람, 그리스도를 죽였으면서도 사회에서 높은 지위를 차지하고 있는 사람에 대한 증오심이 점점 증폭되었다. 레콘키스타 이전에는 사회적 반유대주의는 큰 영향력을 발휘하지 못했으나, 그 후 페르디난드, 이사벨라, 카스티야 그리고 아라곤을 통합한 가톨릭 왕들은 그들이 다스리는 영토 안에서는 단 한 사람의 유대인도 머물러서는 안 된다고 결의하기에 이른다. 유대인들은 개종해야 했고 그렇지 않으면 그 지역을 떠나야 했다. 많은 유대인들이 개종을 선택했다. 반면에 포르투갈이나 이슬람 지역 혹은 술탄이 유대인을 환영하며 받아들인 이스탄불로 도피한 유대인들도 있었다.

반유대주의는 오랜 역사를 갖고 있다. 이미 십자군 전쟁 당시에 유대인들은 여러 지역, 특히 동부 유럽에서 추방되었다. 그런데

편견

스페인과 포르투갈에서 다시 그리스도교로의 개종을 강요받게 된 것이다. 강압적으로 세례를 받은 모든 유대인들을 사람들은 '새로운 그리스도인'이라 일컬었고, 원래 '돼지'를 뜻하는 용어인 '마라노Marranos'라고도 불렀다. 콜럼버스와 세르반테스 그리고 수많은 작가들이 이 마라노 집안 출신이었으며, 스피노자도 마찬가지였다.

　일부 유대인들은 은밀하게 유대교 신앙을 이어 갔다. 일요일에 교회에 갔지만 이들은 남몰래 시너고그에 가서 유대교 축일祝日을 지켰다. 그리고 이들은 여성의 그림이 그려진 메달을 몸에 지니고 다녔다. 메달에 그려진 여성은 성모 마리아와 유대 여성 에스더(유대 민족이 바빌론 포로생활을 할 당시에 유대인 동족을 구한 여성—옮긴이)였다.

　스페인의 '순수 혈통' 법안은 모든 그리스도교도들에게 강제로 자신의 아버지와 할아버지가 그리스도교 신자였다는 사실을 증명하도록 했다. 아버지가 유대인인 사람은 순수 혈통이 아니었다. 그러나 유대인 중에서도 신실한 가톨릭 신앙을 가진 사람들이 있었으며, 성인聖人도 있었다. 대표적인 인물이 할아버지가 유대인이었던 아빌라의 테레사였다. 심지어 유대인 가문 출신의 종교재판장도 있었는데, 차마 그 사람에게까지 순수 혈통을 증명하라고 요구할 수는 없었다. 세르반테스는 (나치 시대와 비슷하게) 위조된 문서를 제출함으로써 목숨을 부지할 수 있었다. 수많은 유대인들은 주머니 속에 소시지를 집어넣은 채 다녀야 했는데, 유사시에 자신이 순수 혈통임을 증명하기 위해 꺼내 보이려는 용도였다.

마라노들은 누구와도 동일시될 수 없는 존재였다. 이들은 진정한 유대인도 아니었고, 그리스도교도로서 인정을 받지도 못했다. 이들은 그리스도교도이자 유대인으로서의 이중적 정체성을 갖고 있는 사람들이거나 어떤 정체성도 없는 존재였다. 이들은 근대 역사상 최초의 '우연적인' 개인이었다. '순수하지 않은' 혈통에 대한 편견은 이 '우연적인 인간'들에 대한 편견이기도 했다. 이들은 누구에게도 속하지 않은 사람, 어떤 집단에도 속하지 않은 사람, 정체성이라고는 오로지 자신의 인격성 이외에는 아무것도 없는 사람들이었다. 물론 이러한 개인적인 요인 역시 반유대주의의 사회적 원인들에 포함되었다. 어디에도 속하지 않는 사람들은 섬뜩한 대상으로 여기기 때문이었다.

오늘날 우리는 모두 우연적인 인간들이다. 우리의 정체성이 우리의 모든 삶의 본질을 나타내는 것이 아니기 때문이다. 그러나 인종 이론은 우연적인 인간에서 인간을 고착화시켜 규정짓는 데 적합한 이론이다. 인종은 사람을 이런저런 존재로 규정한다. 아리안족으로 태어난 것은 아리안족으로 행동할 의무를 갖는다.

불신자不信者를 화형에 처한 종교재판정Autodafé(포르투갈어 'auto-da-fé'에서 유래)에서 유대인은 화형의 대상이 아니었다. 그리스도교도들이 보기에 유대인은 어떤 경우에든 구원을 받을 수 없기 때문이었다. "그렇지 않으면 영원한 저주의 심판을 받은 영혼에 대한 구원 행위"는 마라노들에게 적용되었다. 그렇지만 이들도 교회의 시각에서 볼 때는 이교도였다.

이에 상응하는 법률이 바로 인종 법률이었다. 박해를 받은 사람들은 스페인을 떠나, 예컨대 암스테르담으로 옮겨가자마자 곧 유대인으로 복귀했다. 스피노자의 가족이 그런 경우였다. 각각 독립된 주체적 존재로서 이들의 삶의 여정은 수많은 복잡한 과정과 결부되었다. 어느 소녀는 스페인에서는 가톨릭 신자였으나 가족과 함께 암스테르담에 이주해 온 이후에는 더 이상 교회에 나가지 않고 시너고그에 출석했다. 그녀에게 대체 어떤 일이 있었던 것일까? 어쩌면 그녀는 어떤 신앙도 갖지 않았거나 스피노자처럼 자연을 신으로 믿은 것인지 모를 일이다.

반유대주의의 전개

제국주의 시대 그리고 식민지 확장 시대에 이르러 인종주의는 유럽 전역에 확산되기에 이르렀다. '백인 유럽'과 비교하여 식민지역 내 토착민들은 다른 인종으로 여겨졌다. 이른바 빨간색, 노란색, 검은색 피부를 각각의 인종으로 구별한 것이다. 인종은 눈으로 식별할 수 있었는데, 한 사람의 얼굴을 보고 그가 어느 인종에 속하는지 구분한 것이다. 그 기준은 하얀 피부와는 다른 피부색이었다.

피부색이 사람의 지위를 결정짓게 된 것이다. 다른 인종에 속하는 사람은 마땅히 백인의 시중을 드는 노예가 되어야 할 존재였다. 피부색은 또한 그 사람이 위험한 인종에 속하는지도 결정짓는다. 가장 위험한 인종은 노란 피부색이다. '황색' 인종의 유럽 침략에 대해 경고하는 내용의 책도 출간될 정도였다. 그래서 사람들은 중국인과 일본인을 '황색 위험'이라 지칭하고 이들이 유럽을 억누를지 모른다고 두려워했다.

검은 인종은 하인이다. 이들은 노예로 부려 먹기에 아주 적합한, 비겁하고 어리석으며 아둔하고 게으른 인종이다. 그렇지만 이들은 위험한 인종은 아니다. 미국의 노예제도는 처음에는 흑인 노예가 아니라 유럽 출신의 노예로 시작되었다. 그러다 곧 흑인이 유입되어 이 '게으른' 인종에게 노역을 시켰던 것이다. 영국 사람들은 인도인을 게으르고 어리석고 문명화가 안 된 사람들이라 여겼다.

스페인과 포르투갈의 인종 법률은 얼굴만 보고 식별할 수 없는 사람들에게도 적용되었다. 그렇기 때문에 이들은 자신의 혈통을 기재한 서류로 증명해야 했다. 인종주의자들은 또 다시 유대인의 외형적 '표준Prototy'을 표기하고 유대인의 생김새를 상상해 냄으로써 유대인의 얼굴을 식별하도록 했고 이런 수법을 황인종과 흑인종에게도 적용했다. 그래서 유대인의 코와 전형적인 유대인 입술 모양이 생겨난 것이다.

편견

모든 종족 집단이나 문화들은 어느 정도 외형적으로 구별할 수 있다. 즉 각 민족이나 문화 구성원들은 고유한 태도와 표현, 제스처, 표정을 갖고 있다. 서로 어떻게 대화를 나누며, 어떤 위트를 사용하는지, 서로 어떤 역사를 공유하고 있는지, 이 모든 것이 사람들의 얼굴 표정에서 드러난다. 이런 이유들 때문에 각각의 문화들을 식별하는 것은 그리 어려운 일이 아니다.

괴테도 모든 사람은 서른 살이 넘으면 자기 얼굴에 책임을 져야 한다고 말한 바 있다. 우리가 그 나이까지 특정 문화권에서 살았다면, 인격과 더불어 우리 얼굴에 자연스럽게 표현된다. 그렇다고 인종 이론이나 종족 이론을 이것에 적용할 수는 없다.

오늘날 미국에서는 인종 간의 차이를 표명하는 것을 사악한 짓으로 간주하고 있다. 그렇기 때문에 이제는 더 이상 외형적 기준에 따라 사람을 분류하지 않는다. 어떤 사람이 흑인인지 중국인인지 일일이 따지지 않는다. 개개인에 대해서는 얼굴을 보고 파악할 뿐이다. 종족 집단을 굳이 분류하지 않는 것이 더 익숙해졌기 때문이다. 이것은 오바마 대통령에 대해서도 마찬가지이다.

인종주의는 여러 단계를 거치며 발전해 왔다. 처음에는 이른바 '스테레오타입Stereotype'이라고 부를 수 있는 일종의 고정관념이 형성되었다. 그리고 이후에 개인의 행동, 윤리, 도덕, 생활방식의 특징들을 고착화하기에 이르렀다. 처음에는 이 특징들에 대한 편견이 생기고, 점차 차별 국면으로 이어졌다. 사람들은 유대인을 도시나 지역에서 추방하고 게토에서 살게 했다. 최악의 경우에는 반유대주의 법률을 만들어 통과시켰다.

말 그대로 순수한 사회적 차별도 있었다. 동료임에도 불구하고 유대인만 초대하지 않거나, 호텔에서 손님의 이름이 유대식 이름이면 받지 않는다거나, 유대인 이름을 가진 사람은 직원으로 고용하지 않는 경우가 그런 사례였다.

예컨대 이런 경우가 있었다. 프랑크푸르트학파의 학자, 레오 뢰벤탈은 나치가 권력을 장악한 후 미국의 캘리포니아로 망명했다. 뢰벤탈이 휴가를 떠나려 하자, 친구들이 그에게 이렇게 조언했다. 뢰벤탈이라는 이름을 갖고서는 어떤 호텔에도 갈 수 없을 테니, 차라리 미리 호텔에 문의해 보는 것이 나을 것이라는 내용이었다. 그래서 뢰벤탈이 서신을 보냈지만, 몇몇 호텔은 아예 답장조차 주지 않았으며, 그나마 한 호텔에서 보내온 답장도 호텔에 올 수는 있지만 묵을 수 있을지 장담할 수는 없다는 내용이었다. 이것이 사회적 반유대주의이다. 한나 아렌트는 사회적 유대주의가 미국에도 있는지 모르지만 미국인들은 정치적 반유대주의가 있다는 생각은 미처 하지 못할 것이라고 주장한다. 그 이유는 정치적 평등이야말로 미국인들이 절대적으로 신봉하는 종교이기 때문이다.

정치적 차별이 없다는 미국 북부 지역에서도 유색인종에 대한 차별은 있다. 그렇기 때문에 균형을 이루기 위한 반대 운동으로서 긍정적 차별을 도입해야 한다고 인식하기에 이르렀다. 이를테면 대학 입학에서 똑같은 자격 조건이라면 유색인종을 우선적으로 선발하는 것이다. 1930~40년대에만 하더라도 미국에서는 여자들에 대한 극심한 사회적 차별이 있었다. 그러나 여성들은 자신의 힘으로 이 차별을 극복해 나갈 수 있었다.

이렇듯 스테레오타입은 인종주의에서만이 아니라 여성에 대해서나 민족적 차이에서도 드러난다. 예컨대 과거에 프랑스인과 독일인 들은 서로에 대해 아주 부정적인 스테레오타입을 갖고 있었다.

사회적·정치적 차별 국면 다음으로는 세 번째 단계, 즉 폭력으로 이어진다. 이 단계는 반드시 시간적인 순서로 이어지는 것이 아니다. 미국에서는 정치적 차별은 존재하지 않지만 정치적 차별이 없는 폭력이 빈번히 발생한다. 모든 형태의 차별과 스테레오타입과 병행하여 동유럽, 폴란드, 러시아에서 유대인에 대한 아주 끔찍한 집단학살Pogrom이 자행된 적이 있다.

반유대주의에 관해 더 언급하면 역사적으로 세 시기로 구분할 수 있을 것이다. 즉 세월의 흐름에 따라 유대인에 대해 갖는 스테레오타입은 시기별로 세 단계에 걸쳐 전개되었다는 점이다. 스테레오타입의 변화와 더불어 이른바 그 '원인들'도 달라졌다. 반유대주의를 합리화한 원인들은 세 가지 국면으로 각각 나누어진다.

첫 번째 국면에서 자신들의 전통을 고수하면서 사는 유대인의 생활방식을 원인으로 들었다. 독일에서는 이른바 궁정유대인 Hofjuden(독일 지역 영주의 궁정에서 생활하면서 정치적 영향을 행사한 소수의 특권층 유대인—옮긴이)이 있었지만 대다수 유대인들은 고유한 유대교 전통을 지키고 살았다. 이들은 유대 복장을 착용했으며, 일상어로는 이디시Jiddisch(동유럽 지역 내 유대인들이 사용한 혼합방언—옮긴이)를 사용하고 히브리어를 읽었다. 이들은 이들의 아버지, 할아버지와 같은 행동을 했다. '동유럽 유대인'뿐만 아니라 프랑스와 네덜란드에서 살고 있는 유대인도 그러했다. 18세기까지 사람들은 겉모습을 보고서도 유대인을 식별할 수 있었다.

반유대주의의 첫 번째 물결은 그 시대에 전개되었다. 대체 어떤 '원인들'이 있었던가? 그것들을 나열하면 다음과 같다. 그리스도교교도들이 먹는 것에는 독이 있고 더럽기 때문에, 유대인은 그리스도교교도의 식탁에 함께 앉아 식사하지도 않는다. 유대인은 그리스도교교도의 딸과 결혼하지 않고 초대하지도 않는다. 이들은 자신들끼리 고립된 채 생활하고, 그리스도교교도가 다니는 학교에는 가지 않는다. 이들은 그 지방 언어를 쓰면서도 자신의 언어로도 말한다. 아울러 이들은 완전히 다른 관습을 갖고 있고, 다른 옷을 입고, 다른 헤어스타일을 하고 있으며, 다른 두건을 쓰고 있다. 그리스도교교도들에게 유대인들은 낯선 존재들이고 그렇기 때문에 이들은 미움의 대상이다.

반유대주의의 두 번째 물결은 유대 계몽주의, 즉 하스칼라

Haskala에 의해 촉발된 유대 해방과 더불어 시작되었다. 그 중심인물이 고트홀트 에프라임 레싱의 가장 절친한 친구이자, 레싱의 극작품 『현자 나탄』의 모델이었던 모제스 멘델스존이었다. 이 두 번째 물결의 '원인'은 다음과 같다. 유대인은 그리스도교도와 같은 학교에 다니고, 그리스도교도 자녀들의 자리를 빼앗는다. 유대인은 의사와 변호사들이며, 그리스도교도 상인들보다 더 많은 매상을 올리고 있다. 이들은 시민계급의 주요 지위를 다 차지하면서 다른 사람들을 쫓아낸다.

그때까지 반유대주의의 원인들로 나열된 모든 것들은 그때부터 정반대로 적용되었다. 사회적 유대주의는 이 시기에 이르러 그 전과는 완전히 다른 형태를 띠기 시작했다. 첫 번째 물결 단계에서 반유대주의는 낯설고 이해할 수 없는 생활방식에 대한 증오심에서 빚어졌다. 두 번째 물결 단계에 이르러서는 사람들은 유대인에게 위협을 느꼈다. 유대인이 사회적 지위를 놓고 그리스도교도와 갈등을 빚고, 더 부유하며, 대학에 입학하는 비율이 훨씬 높고, 학력 수준도 높았기 때문이었다. 스페인에서 세프라디Sephard(포르투갈과 스페인 출신 유대인 후손—옮긴이)를 상대로 한 이러한 사회적 반유대주의가 아슈케나지Ashkenazi(중부·동부 유럽 유대인 후손—옮긴이)에게도 되풀이된 것이다.

유대인은 게으르고, 일을 하지 않는다. 유대인들은 사람들이 하는 일을 증오해서 일을 하지 않고 또 하려고 하지도 않는다고 사람들은 말한다. 이들은 생산적인 일은 아주 싫어해서 유대인

중에 프롤레타리아는 극소수이며, 이들 가운데 농부도 거의 없다는 소문도 돌았다. 유대인은 기생충이고 게다가 지나치게 생각만 많은 인간들이라고도 말한다.

유대 노동운동은 이 스테레오타입을 사실로 받아들이게 했다. 러시아에서 이들은 볼셰비키와 가까운 관계를 맺었다. 유대인은 좌파 혁명주의자들이었으며, 중요한 점은 이런 스테레오타입이 사실로 받아들여졌다는 점이다. 그렇기 때문에 유대인 스스로 그들의 태도, 직업 그리고 사회적 역할을 바꿔야 한다. 이들은 혁명가는 될 수 있을지언정 자본가가 되어서는 안 되며, 노동자, 농부가 되어야 한다.

자신이 속한 집단에 대한 스테레오타입은 의외로 그렇게 예외적인 것은 아니어서, 그것이 사실이라고 믿을 정도가 되기도 한다. 여성 역시 남성의 스테레오타입을 그들 자신에게 적용하고 동일시하는 경향이 있기 때문이다.

5.

악惡과 전체주의

어떤 사람을 인종을 기준으로 규정한다고 할 때, 그 사람을 발가벗겨서 그의 생각과 문화를 바꾸게 할 수는 있지만 그 사람이 속한 인종을 바꾸게 할 수는 없다. 인종이라는 것은 가상으로 구성된 것이기 때문이다. 특정 민족에 대한 편견을 갖고 있다면 이러한 편견은 그 민족에 속하거나 혹시 나중에라도 그 민족에 소속되려는 구체적인 인간 집단을 대상으로 한 편견이다. 사람은 어느 특정 정치 계급을 등지고 다른 정치 계급으로 옮길 수 있다.

편견은 정반대 과정을 통해 발생할 수 있다. 즉 경험으로 이어지는 구성이 아니라, 경험을 통해 구성될 수 있다는 것이다. 오래전부터 전해오는 위트가 있다. 영국인들은 해협을 지나 프랑스에 가서 붉은 머리색의 프랑스인을 보고 돌아와서 프랑스 사람들의 머리를 모두 빨갛다고 한다는 것이다. 거의 대부분 구성은 인식을 규정한다. 예를 들어 프랑스 사람들은 전부 비도덕적이라고 생각하면, 프랑스 사람과 만났을 때 벌써 그 사람은 비도덕적 인간이라고 전제한다. 모든 영국인들은 쌀쌀맞다고 전제하면, 어떤 영국 사람을 만나더라도 그렇다고 전제한다.

세계사에 나타난 악의 기능

악에 관한 다양한 개념과 다양한 악의 경험들이 있다. 악의 개념 가운데 가장 흥미롭고 근대적인 것은 헤겔에 의해 유래된 것이다. 헤겔은 『역사철학』에서 세계사에 나타난 악의 기능에 관해 언급하고 있다. 헤겔의 이론은 수많은 대립과 모순에도 불구하고 지속적으로 발전한다고 본 사회 개념에 기초하고 있다. 노인들의 눈에 새로운 것은 악한 것으로 보인다. 악은 진보적인 것이며 그렇기 때문에 악의 기능은 어느 정도 긍정적이다.

사회가 발전하면서, 항상 급진적 변화가 뒤따른다. 새로운 생각, 새로운 현상, 새로운 생활 형식들은 낡은 것들과 갈등을 빚는다. 헤겔에 의하면 진보적인 것이 전통적인 것, 보수적인 것과 갈등을 빚으면서, 진보적인 것이 도덕적 측면에서 진보적인지 아닌지와는 무관하게 노인들에게 새로운 것은 악한 것으로 비춰진다.

전통 사회에서는 새로운 사상을 위험한 것으로 느낀다. 전통적 질서를 파괴하는 것들은 모두 악한 것으로 간주된다. 모든 인간은 평등하다는 사상이 그러했고, 국가가 정한 신을 믿지 않는다는 소크라테스의 견해도 그러했다. 로마인들에게 그리스도교는 악한 것이었다. 그리스도교도들은 로마의 신들을, 특히 황제를 신으로 믿지 않았기 때문이다. 가톨릭 신자들에게 프로테스탄트 신앙은 악한 것, 이단 종교였다. 그리스도교의 단일성을 와해시켰기 때문이다.

노인들이 악한 것이라고 거부한 것은 사회적 진보의 동력이었다. 그러다 세월이 흐르면서 악의 특성은 사라지고 받아들여지게 된다. 이것은 근대에 이르러 여러 문화 영역에서 찾아볼 수 있는데, 예컨대 19세기 회화에서 그러하다. 전통적 화법의 화가들에게 새로운 아방가르드는 불쾌하고 허황된 예술이었다. 새로운 아방가르드 작가의 그림은 추하고 미친 모습으로 여겨졌다. 20세기 이후 이 예술 경향은 낡은 아방가르드가 되어 새로운 사조를 비합리적인 것이라고 묘사하기에 이르렀다. 그렇기에 악은 상대적이다. 현재에는 악이라고 생각하지만 미래에는 더 이상 악으로 여겨지지 않기 때문이다.

자연적인 악

자연적인 악의 개념을 이해하려면 철학적 편견에 대해 알아야 한다. 이 세상에서 일어나는 모든 일들은 어느 정도 의지의 결과이며, 의지에 따라 결정된다. 어떤 사람에게 자신이 간절히 원하는 일이 일어났다면, 결코 저절로 발생한 것이 아니다. 라이프니츠는 이 세상에는 자연적인 악과 도덕적인 악이 있다고 생각했다. 전자는 인간에 의해 만들어진 것은 아니지만, 인간에게 해를 끼치고 고통을 주기 때문에 악하다. 그래서 죽음은 물론 지진, 화재, 온갖 질병들은 악한 것이다.

끔찍한 일들이 일어나면 사람들은 이렇게 묻는다. 누가 이런 일들을 행했는가? 신이 그런 일을 했을 리는 없다. 왜냐하면 신은 선하기에 그 어떤 악한 일도 만들지 않았을 테니까. 그러므로 인간의 불행은 신의 뜻의 결과일 수는 없다. 그렇다면 대체 누가 그런 일이 일어나게 한 것일까? 틀림없이 악을 원하는 세속의 피조물이 저지른 것임이 분명하다. 그것은 바로 악마와 마녀이다. 이들은 이 땅에서 벌어지는 모든 악의 원인이며, 이들이 질병을 불러온 것이다. 악마와 마녀가 어떤 사람에게 저주를 내리면 그 사람은 질병에 걸리고, 그 저주가 더 강하면 필경 당사자는 목숨을 잃을 것이다.

여기서도 인종에 대한 편견이 그 역할을 발휘했다. 사람들이 질병에 시달리고, 전염병이 돌고 있는 이유는 무엇일까? 유대인이 우물에 독을 넣었고 사람들을 전부 독살하려 했기 때문이다. 우연이란 없다. 모든 일에는 원인이 있고, 이 원인이 인간의 의지임이 분명하다. 그것이 사람들이 이 세상에서 겪는 모든 불행과 사악한 일들의 원인이다.

편견

라이프니츠는 이런 견해를 편견이라고 간주한다. 그는 이 세상에서 일어나는 자연적인 악과 인간의 의지 사이에는 하등의 연관성이 없으며, 신의 뜻과 세상의 사건들 사이에도 연관성이 별로 없다고 주장한다. 자연적인 악이 일어나는 원인에 대해 우리는 그저 모를 뿐이다. 물론 원인이나 이유가 있겠지만, 우리는 알지 못한다. 이 세상과 신의 계획에 대해서도 우리는 아는 게 별로 없다. 어쩌면 우리가 악이라고 여기는 것들이 다른 동물들에게는 좋은 것은 아닌가? 이 세상은 인간에게 봉사하기 위해 있는 것이 아니라 모든 피조물에게 봉사하기 위해 있는 것인지 모른다.

악은 인간에 의해 만들어졌으며 악을 낳은 것은 언제나 인간의 의지라는 생각은 아주 오래된 편견이다. 18세기까지 마녀는 장작더미 위에서 불에 태워졌다. 사람들은 이 화형火刑을 통해 전염병을 극복할 수 있으리라 확신했다. 바다에서 풍랑이 일면 사람들은 죄인이 배에 타고 있기 때문이라 여기고 죄인을 바다에 던져 죽이면 풍랑이 잦아들 것이라 생각했다. 이 경우, 벌어진 일은 죄인의 의도 때문은 아니지만 그럼에도 어쨌든 그는 고통의 원인이다.

인간은 자연적인 악의 문제들을 해결할 수 없다. 물론 지금까지도 그렇다. 이슬람교도들은 2004년에 발생한 자연재해 쓰나미를 신의 형벌이라고 말한다. 끔찍한 일은 단순히 그저 일어난 것일 수 없다고 여긴다. 인간에게 우연은 허용되지 않는 것이다.

도덕적인 악

도덕적인 악은 인간이 서로 저지르며 실제로 자행되는 악이다. 그런데 악한 사람이란 어떤 존재이며, 악한 사람의 특성은 무엇인가? 악의 원인은 무엇인가? 이에 관해서는 여러 이론들이 있다.

아우구스티누스는 일찍이 아담과 이브의 타락을 인간의 원죄라고 해석한다. 금지된 열매를 따먹은 이들의 행위가 우리 인간의 죄의 원인이다. 남자의 씨를 물려받은 후손들은 그 죄를 대물림하고 있는 것이다. 그렇기 때문에 우리는 죄를 짓는 것이며, 이 세상의 악이 죄인인 우리 인간에게 생기는 것이다. 이것은 아주 오래된 가톨릭교회의 이론이었으며, 15세기 콘스탄츠공의회 이래로 다시 가톨릭의 공식 이론으로 정착되었다.

또 다른 악의 개념은 플라톤으로 거슬러 간다. 플라톤은 그의 『국가』의 마지막 두 권에서 그에 관해 언급한 바 있다. 즉 플라톤은 다양한 인간 영혼이 있다고 설명하는데, 포악한 영혼, 선한 영혼, 귀족의 영혼 등으로 나누어진다.

콘라트 로렌츠의 자연과학 이론은 인간에게는 날 때부터 갖고 태어난 공격적인 충동이 잠재되어 있다고 말한다. 인간은 선험적으로 호전적인 동물이다. 로렌츠가 말한 것은 단순한 분노의 감정이 아니라, 태생적인 호전성 본능이다. 이러한 본능이 과연 있는 것인가? 나는 추상적인 개념은 유전되지 않는다고 생각한다.

오히려 그것은 세속적 버전으로 표현된 원죄일지 모른다. 인간이 죄를 짓는 것은 부모에게 물려받는 공격 본능 때문이다. 인간이 악한 행동을 하는 원인은 인간이란 항상 악한 짓을 원하는 존재라는 데 있다. 인간 내면에는 파괴적 본능이 도사리고 있기 때문이다.

한나 아렌트는 『예루살렘의 아이히만』을 집필하는 과정에서 이와 다른 이론을 전개하였다. 아렌트가 말한 '악의 평범성Banalität des Bösen' 개념은, 오늘날 악인은 결코 뿔 달린 존재가 아니며 악령에 사로잡힌 사람도 아니라고 설명한다. 루시퍼, 메피스토, 악마는 하느님과 동등한 적대자이다. 선의 영혼과 악의 영혼은 서로 영원한 투쟁을 벌인다. 그러나 니체가 신의 죽음을 선언한 이후, 더 이상 메피스토와 같은 존재는 의미가 없다. 하느님과 하느님 적대자의 존재를 더 이상 믿지 않게 되면서부터, 악을 저지르는 것은 인간이라고 생각하면서부터, 악은 더 이상 악령과 같은 존재가 아니라, 평범한 것에서 비롯된다.

이러한 생각이 악은 '사유하지 않음Nicht-Denken'에서 출발한 것이라는 보편적 이론에 유입되었다. 아울러 이것은 호전적인 본능 개념과 정확히 대립되는 이론이다. 한나 아렌트가 보기에 아이히만은 생물학적으로 악한 본능을 지닌 인간이 아니다. 그는 우리와 똑같은 사람이다. 그런 사람이 악을 저지른 것이다. 그는 50만 명의 유대인을 헝가리에서 아우슈비츠로 이송시켰다. 다만 그는 그 행위를 성찰하지 않았던 인간이었다.

어떤 사람이 자신이 한 행동에 대해 깊이 생각한다면 악을 저지르지 않을 것이라고 말한다. 그러나 나는 여러 가지 이유에서 이 주장에 동의하지 않는다. 어떤 사람이 깊이 생각하지 않음으로써 선한 일을 하는 경우도 종종 있을 수 있기 때문이다. 예를 들면 만일 누군가 어린아이가 물에 빠진 상황을 목격하면, 그 아이를 구할지 말지 깊이 생각하지 않은 채 물속으로 뛰어드는 경우가 그렇다. 그 사람이 깊이 생각하면 물속에 뛰어들지 않을지 모른다. 어쩌면 자신이 익사할지 모른다는 생각을 할 수도 있기 때문이다. 아무 생각 없이 한 행동이 오히려 선한 행동이 될 수 있다. 생각 없음이 반드시 악행으로 이어지지 않는다.

아렌트의 이론은 인간이 올바른 사람이 되고 싶어서 어떤 선한 행동을 하기를 바라는 경우에 적용된다. 그러면 그는 특별한 경우에 어떤 것이 올바른 것이고 그렇지 않은 것인지 성찰하게 된다. 여기서 아렌트는 당연히 칸트의 『판단력 비판』을 근거로 삼는다. 칸트는 우리가 어떤 행동을 하기 전에 자신의 머리로 먼저 생각하라고 요구한다. 우리는 다른 사람 입장에서 생각하고 모순 없이 사유하려고 노력해야 한다. 이것이 인간 오성을 가장 알맞게 적용하는 규칙이다.

현대식으로 표현하면, 극단적인 악은 '변질된 이성'과 인간 영

편견

혼의 지옥의 혼합물이다. 이것은 필연적으로 인간이 악을 위해 결단한다는 의미는 아니다. 악인이 되려고 결심하는 사람도 있겠지만 이것은 예외적인 경우이지 정상적인 사례는 아니다. 악에 대해 이야기할 때 일반적으로 떠올리게 되는 인물이 셰익스피어 극작품 『리처드 3세』의 인물이다. 이 작품은 "나는 악당이 되기로 마음먹었어."라는 리처드 3세의 대사로 시작된다. 악한 사람이 되기로 결심했다면, 선과 악은 아주 정확히 분간할 수 있다. 리처드 3세는 무엇이 선한 것인지 알고 있지만 악당이 되기로 결심한다. 마르키 드 사드도 그의 책에서 악행을 저지르기로 결심한 사람들에 대해 이야기하고 있다.

다음 장에서 언급하게 될 정치에서의 극단적인 악, 즉 전체주의에 대해 생각해 보면, 이 이론을 근거로 삼을 수는 없을 것이다. 나는 히틀러나 스탈린이 악당이 되려고 마음먹었다고는 믿지 않는다. 이들은 선과 악을 분간할 수 없는 사람들이었다. 그렇기 때문에 이들은 어떤 결정도 내릴 수 없었다.

플라톤은 나름대로 타당한 논지를 펼쳤다. 즉 인간은 변질된 이성을 갖고 있다. 인간은 자신이 바라고 원하는 모든 것들을 합리화할 수 있는 존재이기 때문이다. 아울러 인간은 자신이 저지른 일이 정당하다고 뒷받침하는 이데올로기를 갖고 있다. 목적은 선하지만 수단은 사악하다. 선을 위해 악을 저질렀다면, 그는 악인이 아니다. 그리고 그 행위를 정당화하는 논거도 갖고 있다. 목적은 개인으로서의 목적만이 아니라, 한 집단, 국가, 그리고 전체 운동의 목적이기도 하다. 그래서 그 목적은 반드시 성취되어야 한다.

이것을 우리는 아주 오래 전부터 전해오는 이야기를 통해 배우게 된다. 어느 날 늑대가 시냇가에 있는 한 마리 양을 만나서 이렇게 묻는다. "어째서 네가 내 물을 진흙탕으로 만들었니? 그래서 나는 너를 잡아먹어야겠다." 그러자 양이 이렇게 대답했다. "나는 네 물을 진흙탕으로 만들지 않았어. 너는 저 위쪽 물가에 있었잖아." 늑대는 이렇게 대꾸했다. "작년에 네가 나를 모욕했어. 그래서 너를 잡아먹어야겠어." 양은 이렇게 스스로 변호한다. "작년에 나는 태어나지도 않았는걸." 그러자 늑대는 다시 이렇게 말한다. "아무렴 상관없어. 네 엄마가 나를 모욕했어." 그런 다음 늑대는 양을 잡아먹었다. 우리가 합리화할 수 없는 죄는 없다. 그것이 변질된 이성이다.

악의 또 다른 측면인 지옥은 어떠한가? 인간 세상에도 지옥은 있다. 그러나 그에 대해 사람들은 본능적으로 상상하지 않는다. 인생에 넘어서는 안 되는 선이 있다는 것을 배우지 않았다면, 그리고 우리가 실제로 선과 악을 분간할 능력이 없다면, 사람들은 이러한 강력한 충동을 제어할 수 없을 것이다.

코넬리우스 카스토리아디스는 사람은 다른 사람을 죽이고 싶은 욕망을 갖고 있다고 언젠가 나에게 말한 적이 있다. 인간은

편견

충동을 갖고 있지만, 스스로 혹은 다른 사람으로부터, 절대 넘어서는 안 된다고 설정해 놓은 선도 있다. 만약에 누군가 좋고 정당한 것이라고 부추기면, 그 충동은 모습을 드러낼 것이다. 소위 말하는 변질된 이성은 인간 영혼의 가장 사악한 충동을 자유롭게 풀어 놓는다.

히믈러는 나치 친위대원들에게 연민Mitgefühl이라는 자연적인 충동을 억제하고, 살인 충동에 복종하라고 강조했다. 토마스 만은 자신의 소설『율법』에서 이것을 묘사하고 있다. 토마스 만은 모든 사람이 십계명을 알고 있지만 그럼에도 항상 그 계명을 위반하고 있다고 생각했다. 지옥에도 호전적인 본능을 비롯하여 다양한 본능들이 있다. 아울러 인간에게 선을 정해 놓은 계명도 있다. 사람들은 그 계명이 유효한 것이라고 생각함에도 불구하고 계명을 위반하고 있음을 안다. 즉 항상 계명의 정신에 따라 행동하지 않는다. 십계명은 요즘 세상에 더 이상 적용할 수 없다고 말하는 것은 완전히 별개의 문제이다. 전체주의 체제는 그런 일을 자행한다. 이들은 이렇게 외친다. 그러니까 넌 죽어야 돼!

극단적인 악은 무엇인가? 그것은 단순히 사유하지 않는 것이 아니다. 또한 우리 내면에 잠복해 있는 공격 본능도 아니다. 그리고 우리 스스로 악을 행하기로 선택했다는 사실도 아니다. 특정 목적을 달성하기 위해서는 넘지 말아야 할 선은 없으며, 이 충동을 발산시키는 것이 옳다는 명령이 내려진 것이다. 목적이 수단을 정당화한다는 마키아벨리의 원리가 여기서 적용된다(그러나 정작 마키아벨리는 그런 이론을 전개하지도 않았고 그렇게 생각하지도 않았다). 인간은 자신의 목적을 실현하기 위해 부정적인 충동이 자유롭게 활동하는 것을 정당화한다. 그러나 당연히 그 목적은 실현되지 못하고 수단만이 있을 뿐이다.

막스 베버는 도래할 20세기에 대해 많은 것을 내다본 사람이었다. 제1차 세계대전이 끝난 후에 이미 베버는 궁극적 목적이 모든 것을 정당화할 수 없기 때문에 '최후의 수단Ultima Ratio'의 도덕은 인정받지 못할 것이라고 서술하였다. 이제 우리는 최후의 목적만을 승인하는 대신, 의도의 도덕, 선한 마음의 도덕으로 돌아가야 한다. 반면 베버는 신념윤리에 고개를 돌리고 책임윤리를 옹호하였다.

전체주의의 발전

현대 전체주의 사회는 그저 극단적인 악으로 기술되지 않고, 특정 문제들에 대한 작용으로 해석된다. 전체주의 사회는 오로지 현대에만 있었던 체제로서, 현대적 정치 조직체를 갖춘 현대적 사회이다. 우리는 현대 전체주의 사회의 성격을 해결되지 않고 어쩌면 해결할 수 없는 현대 사회의 문제와 갈등 그리고 난제들에 대한 대답으로 보아야 한다.

현대 사회는 마른하늘에 날벼락같이 일어난 제1차 세계대전을 통해 대대적인 갈등을 겪었다. 1914년 가을 전쟁터에 투입된 사람들은 그해 크리스마스쯤이면 집으로 돌아갈 수 있을 것이라고 믿었다. 그들은 어디로 가는지도 모른 채 전쟁터로 끌려간 것이다. 제1차 세계대전은 유럽 역사상 그때까지 유례를 찾아볼 수 없었던 유혈 전쟁이었다. 그 전쟁은 거의 20세기의 원죄였다. 제1차 세계대전 이후에 일어난 모든 일들이 전쟁 후유증으로 인한 결과였기 때문이다. 제1차 세계대전이 발발하지 않았다면 파시즘도, 볼셰비즘도 없었을 테니 말이다.

전체주의를 과연 어디까지 현대 세계에 대한 대답으로 보아야 하는가? 제1차 세계대전은 일종의 원죄였다. 그것은 제1차 세계대전이 전체주의 체제를 가져왔기 때문만이 아니라, 그 전쟁으로 인해 현대 세계에 대한 인간의 믿음과 신뢰를 잃었기 때문이기도 하다.

유럽 전역에 보나파르트주의가 위세를 떨친 적이 있었다. 이미 나폴레옹 1세 당시에 그리고 나폴레옹 3세 때에도 1848년 혁명 이후, 여러 나라에서 사람들은 공화정에 대해 어느 정도 환멸을 느끼고 있었다. 이 환멸감은 전全 유럽에서 사람들로 하여금 기꺼이 그것을 위해 싸울 수 있으며, 전쟁도 불사할 만하다고 생각하는 이상理想을 제시해 줄 강력한 구원자와 지도자가 필요하다는 사상으로 이끌었다.

사람들은 처음 도입되었으나 단 한 번도 펼쳐보지 못한 민주주의 체제에 대해 환멸감을 느낀 것이다. 아울러 사람들은 현대 세계, 민주주의 그리고 자본주의가 전쟁과 수백만 명의 목숨을 앗아간 원인이라고 믿었다. 그리하여 자본주의나 민주주의, 심지어 자유주의적인 것이 아닌 다른 제도가 필요하다는 관념이 생겨났다. 정확히 말하면 그것은 유럽을 늪에서 구해 줄 수 있는 새로운 기구, 새로운 지도자였다. 이 환멸감은 처음에는 러시아, 그 다음에 이탈리아, 독일, 오스트리아 그리고 헝가리로 퍼져 전체주의 정권이 들어서게 되었다.

19세기까지 유럽 사회는 각각의 신분이 고유한 문화를 갖고 있는 신분제 사회였으며, 잉글랜드에서는 20세기까지도 그러했다. 시민계급은 '문명화 과정'을 통해 자신만의 규범, 관습, 풍습을 계발했다. 새로운 시민계층의 계급에서 노동자계급인 프롤레타리아가 분리되었다. 프롤레타리아계급은 서서히 신분 사회를 종식시키기에 이르렀다.

카를 마르크스는 신분 사회와 다르게 계급사회 속의 개인은 자신에 속한 계급과 우연한 관계를 갖고 있다고 파악했다. 계급들은 스스로를 변호하는 자신만의 이해관계, 자신만의 문화, 자신만의 생활 형식을 갖고 있다. 계급사회는 필연적으로 전체주의 정치에 적합한 토양을 형성하는 대중사회로 변모하였다. 이 현상은 러시아에서 처음 일어났다.

한나 아렌트는 『전체주의의 기원』에서 이에 관해 분석하였다. 그녀의 테제는 볼셰비즘이 1917년부터 일체의 계급관계를 무너뜨렸다는 것이다. 처음에는 귀족과 부르주아지, 그 다음에는 농민과 마지막에 노동자계급 순으로. 1930년대 러시아에서는 더 이상 계급은 존재하지 않았다. 그 사회는 대중사회였으며 필연적으로 전체주의 체제로 이어졌다. 계급을 파괴한 세력이 전체주의 정권이며 정치 주역들이었다는 것은 어쩌면 우연일지 모른다.

아돌프 히틀러도 계급을 파괴하였고, 이와는 다른 방식이지만 이탈리아 파시즘 체제의 무솔리니 역시 그러했다. 전체주의 사회에 관한 논의에서 재차 제기되는 물음은 살로 공화국Republik von Salò 이전의 이탈리아 무솔리니 파시즘이 전체주의 체제였느냐 하는 점이다. 어쨌든 러시아와 독일에 등장한 세력은 전형적인 전체주의 정권이었던 것만큼은 분명하다. 그러면 전체주의 체제는 어떻게 발전해 갔을까? 그 전제는 정치적 구상, 정치 이념 그리고 정치적 상상력 그리고 무엇보다 권력을 장악하려는 의지이다. 그리고 그 외에 또 무엇이 있을까? 전체주의 세계의 다양한 구성요인들이 그것이다.

처음에 등장한 것이 '전체주의 정당'으로, 이는 레닌의 '발명품'이다. 레닌은 권력을 장악하려면 정당이 필요하다는 사실을 깨달

왔던 인물이었다. 레닌 정당의 모델은 무솔리니 정당과 나치당의 모범이 되었다. 레닌과 무솔리니는 서로 아는 사이였고 젊은 시절에는 함께 정치 운동에 참여했다. 무솔리니는 레닌 생존 당시에 이미 그의 모델을 받아들였던 것이다.

레닌은 자신의 구상을 "민주주의적 중앙집권 체제"라고 일컬었다. 정당은 상부에서 하부로 구축되었다. 마치 군대처럼 소수의 사람들이 당을 이끌고 다른 모든 사람은 상부의 명령에 따르는 시스템이었다. 오로지 복종밖에 없었다. 그나마 레닌 시대에는 비판이 가능했지만 스탈린 체제에 이르러 비판은 결코 용납될 수 없었다. 군대의 모범을 본뜬 정당 기구가 모든 것을 결정했다.

레닌은 1902년에 이미 군대식 규율을 갖춘 당만이 권력을 장악할 능력을 갖고 있다는 구상을 체계화하였다. 레닌의 구상이 사회민주주의자들과 다른 점이 바로 이 점이었다. 이들은 이 구조를 인정하려 하지 않았으며, 결국 멘셰비키와 볼셰비키 사이에, 사회민주주의자와 공산주의자들 사이에 크나큰 간극으로 이어졌다. 사회민주주의자들은 그러한 정당 구조는 결코 받아들일 수 없다고 느꼈다.

레닌은 정치 천재임을 입증해 보였다. 그러나 비록 악인은 아니었을지라도 그는 악의 천재이기도 했다. 그가 고안해 낸 것들은 20세기에 일어난 모든 악한 행위의 초석이 되었다. 전체주의 정당이 없었다면 전체주의적 정치도, 전체주의 국가도 없었을 것이며, 전체주의 국가가 없었다면 전체주의 사회도 없었을 것이다. 전체주의 정당은 국가를 전체주의화하며, 국가의 형태를 그 정당과 똑같은 모습으로 만든다. 즉 국가를 당의 모습대로 만드는 것이다. 전체주의 정당이 지도자와 군대를 갖게 되면, 국가도 그런 지도자와 그런 군대를 갖는다. 그리하여 국가가 사회를 전체주의화하는 것이다.

물론 전체주의 체제를 달성하는 것으로 만족하지 않는다. 이제 이데올로기가 필요한 단계에 이른다. 이데올로기가 없으면 전체주의 정당은 존재할 수 없기 때문이다. 정당이 권력을 획득하면, 그 이데올로기는 국가 이데올로기가 되며, 마침내 사회 전체의 이데올로기가 된다. 이데올로기는 전체주의 체제를 위해서는 필수적인 조건이다.

이데올로기는 이념이 아니다. 이데올로기는 이념의 집합, 즉 수많은 이념들을 채워 넣을 수 있는 '자루'이다. 이러한 이념의 혼합물은 나침반과 같은 작용을 한다. 즉 어떤 사람이 친구인지 혹은 적인지를 분명하게 제시하는 것이다. 즉 친구와 적을 분간하는 것이 바로 이데올로기의 기능이다.

특정 이데올로기에 동조하는 사람들은 모두 가장 나쁜 적과 가장 좋은 친구를 규정하는 것에 대해 전적으로 동의한다. 적은 자연적인 적이 아니라, 구성된 적이다. 자연적인 적은 서로 싸우면서 오랜 기간의 역사적 과정을 통해 드러났기 때문에 자연적이다.

이 관계에서는 상호간의 다툼을 중단할 수도 있다. 영국인과 프랑스인은 어느 시대에는 자연적인 적이었다. 독일인과 프랑스인도 거의 200년 동안 자연적인 적이었다. 그러나 유럽연합 EU 출범 이후 유럽에서는 (세르비아와 크로아티아를 제외하고는) 이제 더 이상 자연적인 적은 존재하지 않는다.

그러나 이데올로기가 지목하는 것은 이런 자연적인 적이 아니다. 이데올로기의 적은 허상에 의해 구성된 것이며, 이데올로기 자체가 적을 구성한다. 나치즘 이데올로기는 플루토크라트볼셰비즘Plutokratobolschewismus이다. 물론 여기서 그 연관성은 중요하지 않다. 플루토크라티Plutokratie(금권정치—옮긴이)와 볼셰비즘이 과연 동일한 것인지 대단히 의심스럽지만 말이다. 그러나 문제는 이것이 아니다. 중요한 점은 이데올로기가 플루토크라트(그리스어로 부富를 의미하는 'plutos'와 권력을 의미하는 'kratos'로 이뤄진 합성어이며, 부와 권력을 움켜쥔 부유층. 여기서는 금융자본세력을 의미함—옮긴이)와 볼셰비키들을 적으로 지목한다는 점이다. 그러면 대체 플루토크라트들이 독일인들에게 무슨 짓을 한 것일까? 물론 독일에 볼셰비키들도 있었지만 이들은 위험스런 존재가 아니었다. 가장 위험한 적은 유대인이었으며, 이들에 대한 증오심은 절대적으로 구성된 것이었다. 그러나 실제로 유대인들은 선량한 국민이자 독일인의 가장 중요한 친구였고 무엇보다 그들 자체가 독일인이었다.

볼셰비즘에서 가장 핵심적인 적은 자본주의자와 제국주의자였다. 이들은 '제5열fünfte Kolonne'(아군 사이에서 적을 이롭게 하는 스파이와 같은 존재—옮긴이)을 형성하는 자들로 간주되었다. "적은 나라 밖에만 있는 게 아니라, 우리나라 안에도 웅크리고 있다! 적들은 절대로 이데올로기만으로 분간할 수 없는 존재들이다." 우선적으로 사회혁명 분자, 그 다음 트로츠키주의자, 부하린주의자가 그런 세력이었다. 적과의 전쟁은 지속적으로 수행되어야 한다. 전체주의 체제에서 중요한 것은 끊임없이 투쟁의 대상인 적을 만들어 내는 것이다. 친구는 이데올로기를 통해 만들어지기도 하지만 그것은 중요치 않다. 친구가 없다면 이 세상에서는 혼자 있는 것과 다르지 않다.

혁명의 상황에서는 언제나 전체주의 체제가 있었다. 뿐만 아니라 전쟁 중에도, 한 국가의 내부와 외부에도 있었으며, 어떤 것이든 전체주의 체제는 항상 가상적으로 구성된 적을 누르고 이겨야 했다. 그렇기 때문에 수많은 사람들이 강제수용소로 끌려갔고 죽임을 당했다. 1937년 모스크바에서만 70만 명이 총살을 당했는데 대부분 옛 볼셰비키들이었다.

중국의 마오주의도 전체주의 체제였다. 마오쩌둥은 영구혁명 사상을 추종하였고 국가를 전체주의적으로 이끌었다. 선두에 선 것은 중국 공산당이었다. 중국 공산당은 지금까지도 레닌의 정당, 즉 100여 년 전 레닌이 기초를 닦은 것과 똑같은 구조를 갖고 있다.

중국도 과거에는 전체주의 사회였다. 중국도 러시아처럼 국내적인 갈등이 있었으나 다른 흐름으로 전개되었다. 마오주의의 문화 혁명은 이데올로기적 적대감의 극단적 버전이었다. 실제로 모든 사람이 적이었다. 캄보디아에서도 거의 모든 주민을 적으로 선언했다. 지식인들은 전부 처형당했으며 학교에 다니는 사람들도 적으로 간주했다.

지금의 중국 사회가 전체주의 사회인가 하는 것은 다른 문제이다. 과거의 중국 사회는 전체주의 사회였으나, 이제는 어느 정도 전체주의에서 벗어난 상태이다. 물론 아직까지 국가는 탈脫전체주의화되었다고 할 수는 없지만 말이다. 보편적으로 이데올로기는 대단히 포괄적이다. 중국에서는 더 이상 그렇지 못한데, 정치 이데올로기보다 당이 더 중요한 역할을 담당하고 있기 때문이다.

전체주의 사회는 다원주의를 그리고 현대의 언어를 인정하지 않는다. 그 누구도 괴벨스가 말한 내용이 사실이라고 주장할 수 없었다. 다원주의는 현대에 속한다. 그렇기 때문에 전체주의 사회는 현대적인 사회이다. 아울러 전체주의 사회는 이미 있는 것을 인정하지 않는다. 전체주의 사회에서는 어떤 이의도 없이 죽은 자를 불러 세울 수도 있다. 그 누구도 괴벨스, 괴링, 히틀러가 옳지 않다고 감히 입에 올릴 수 없었다. 반대의 표현이 불법시된다면 그것은 극단적인 악이다.

　　　　　　　　　　　　　　　　　　　　　　편견

소비에트연방은 물론 나치 독일에서 현대 회화는 금지의 대상이었다. 독일과 러시아 이데올로기에서 오늘날 '사회주의적 키치'라고 부를 수 있는 인간상Menschenideal이 있었다. 회화와 조각 작품에서 이 이상에 부합하지 않는 모든 것들은 금지되었고 '퇴폐예술entartete Kunst'로 간주되었다. 물론 소비에트연방에서는 '퇴폐예술'이라는 용어는 없었지만 스탈린도 비슷한 방식으로 현대 작곡가들을 비판한 적이 있다. 모든 세계가 알 수 없는 음악은 볼셰비키의 이상과 모순되는 음악이었다.

나치 독일에서는 유대인과 결혼하는 것을 금지했으나 소비에트연방에서는 그렇지 않았다. 소비에트연방에서는 사유재산을 소유하는 것이 불법이었으나 나치 독일에서는 아니었다. 캄보디아에서 불법이었던 것이 이란에서는 불법이 아니었다. 전체주의 사회는 각각 자신만의 이데올로기를 갖고 있으나 모든 전체주의 사회에서 공통적인 것이 하나 있다. 즉 전제주의 사회는 언제나 다양성, 다원주의를 인정하지 않고, 어떤 것이 다원주의인지, 어떤 것을 불법으로 간주할 것인지 세세한 것까지 규정한다는 점이다.

전체주의 국가에서는 정치적으로 다른 대안들은 모두 불법이다. 이 점에서 예외는 없다. 자유주의는 항상 불법으로 여겨진다. 모든 전체주의 체제는 이 부분에서도 일치한다. 전체주의 사회는 반민주적이다. 물론 그 사회는 수많은 민주주의 수사학이 난무

한다. "우리가 진짜 민주주의자들입니다! 그들도 민주주의자라고 자처하지만 그들은 형식적인 민주주의자일 뿐입니다!" 소비에트연방과 중국에서도 그렇게 말해 왔다. 하지만 히틀러는 그렇게 떠들지는 않았다. 이런 점에서 히틀러는 솔직한 편이었다.

자유주의는 공동의 적이다. 아마도 개인의 자유를 중요시하기 때문인 듯하다. 그 어떤 전체주의나 보나파르트주의 운동들도 개인의 자유나 개인적 사상을 용인하지 않는다. 이것은 이데올로기의 다른 기능이다. 즉 먼저 누가 적이고 아군인지 지목하고, 두 번째로는 불법적인 것이라고 간주되는 것은 무엇인지, 반면 어떤 것이 용인되고 장려되어야 하는지, 어떤 것이 바람직한 것이라고 선전되는지, 체제에 가장 유용한 것은 무엇인지 등이 지목된다. 이것은 조형예술, 음악, 연극에도 그대로 적용되었다.

이 일에 가장 도움이 되는 음악가, 철학자는 누구일까? 생존해 있는 사람이건 이미 고인이 된 사람이건 그것은 상관없다. 그래서 히틀러는 바그너를, 레닌은 톨스토이를 이용했다. 전체주의 사회에서 자주 이용하는 전통이 있는데, 그것은 그 사회와 전혀 관련이 없는 정치인이나 지식인을 끌어들이는 방법이다. 그래서 소비에트연방은 카를 마르크스를 끌어들인 것이다. 물론 마르크스가 말한 내용 중에 몇몇 부분은 소비에트연방 체제의 목표와 목적에 중요했지만 아무튼 마르크스는 소비에트연방과는 하등의 관련이 없었다.

소비에트연방, 나치 독일 그리고 홀로코스트

전체주의 체제가 악하다는 것은 어떤 의미일까? 권력을 손에 쥐고 적을 섬멸할 수 있는 이데올로기가 어째서 극단적인 악일까? 그런 이데올로기를 가진 사회 유형이 어째서 극단적인 악일까? 극단적인 악을 자행하는 체제는 변질된 오성을 통해 영혼의 지옥을 움직인다. 어떻게 그럴 수 있을까?

레닌은 제1차 세계대전이 발발하기 오래 전에 이미 볼셰비키 당의 이데올로기 이론을 완성했다. 그때까지만 하더라도 레닌은 그 이데올로기가 현실화될 여지가 있다는 사실을 알지 못했다. 하지만 그는 오직 당만이 자신이 생각한 방식대로 권력을 장악할 역량을 갖고 있다는 점은 알고 있었다. 러시아에서 시민계급의 정권이 정착하자 1917년 레닌은 이 뜻을 공개적으로 표명하였다. 레닌은 처음부터 권력에 집중했다. 그리고 노동자계급, 즉 프롤레타리아의 이름을 내세웠다. 레닌은 프롤레타리아의 목표가 프롤레타리아의 마음에 들지 않을 경우, 그들보다 그들의 목표를 우선적으로 고려하겠다고 말한 점은 옳았다. 노동자 자신보다 프롤레타리아가 무엇을 원하고 있는지 당이 더 잘 알고 있다는 것이다.

게오르크 루카치는 1923년 자신의 저서 『역사와 계급의식』에서 레닌의 정책에 관해 아주 정확하게 묘사하고 있다. 루카치는 노동자들이 진정 생각하고 원하는 것, 노동자계급의 경험적 의식과 다른 한편으로 경험적으로 실재하지 않는 노동자계급의 '덧입혀진' 의식, 구성된 의식에 대해 언급하였다. 레닌은 어떤 사람이 자신의 이념을 그런 식으로 공개적으로 드러내는 것을 그리 달가워하지 않았다.

1917년 10월의 러시아 혁명은 실제로는 혁명이 아니었다. 혁명이 일어난 사실을 아무도 몰랐으며, 레닌이 영도하는 볼셰비키 정당의 영구적인 권력 장악만이 예상될 뿐이었다. 당시에는 입법회의를 위한 선거가 개최되었다. 이 회의에서 볼셰비키는 소수파에 머물러 있었다. 다수파는 사회주의 혁명가들이었으며, 멘셰비키도 볼셰비키보다는 더 많은 표를 얻었다. 그러자 레닌은 군인 당원을 동원하여 입법회의를 해산해 버렸다. 독일의 공산주의자, 로자 룩셈부르크는 "자유는 항상 다르게 생각할 자유이다Freiheit ist immer Freiheit des Andersdenkenden"라는 유명한 연설을 통해 레닌과 공개적으로 맞섰다. 그녀의 연설은 씨앗 속에 배태된 전체주의에 대한 비판이었다. 전체주의는 다르게 생각하는 사람들을 불법으로 낙인찍기 때문이다.

러시아 혁명은 적대적인 인종을 적시하지는 않았지만 적대적인 계급은 적시했다. 어떤 사람이 그 계급에 속하는지 규정하는 것은 당이었다. 그 대상은 맨 먼저 부르주아지였고 그 다음 농민, 그리고 나중에 볼셰비키 정당 내부의 사람도 적으로 만들었다. 옛 볼셰비키들을 죽인 것도 그 때문이었다. 이들은 이른바 적대적 계급에 속하는 자들로서 '계급에 낯선' 존재로 간주한 것이다.

"낯설다fremd"는 말 자체가 인종주의적인 어감을 주는 단어이다. 계급에 낯설다든지 혹은 인종적으로 낯설다든지 하는 말은 실제로 큰 차이가 없다. 중요한 점은 사람들 스스로 어떤 사람이 자신의 계급에 속하고, 어떤 사람이 계급에 낯선 존재인지 결정한다는 사실이다. 헤르만 괴링은 "누가 유대인인지는 내가 결정한다."고 말한 바 있다. 레닌과 스탈린은 계급의 적이 누구인지, 어떤 사람을 굴라그Gulag(구소비에트연방의 강제수용소—옮긴이)로 보내 처형시킬 것인지 결정했다.

전체주의 정당과 전체주의 국가는 사회를 전체주의화한다. 전全 소비에트 러시아와 소비에트연방은 완전한 전체주의 국가였다. 전체주의를 합리화하는 여러 단계가 있다. 그 첫 단계가 부정적인 합리화이다. 소비에트 국가는 계급의 적에 맞서기 위해 세워진 나라라는 것이다. 그리고 산업화와 근대화를 통한 합리화가 두 번째 단계이고, 세 번째 단계는 국가주의, 즉 강력한 러시아를 내세운 합리화이다. 그리고 마지막 단계에 이르면 어떤 합리화 근거도 찾을 수 없는데 그렇기 때문에 그 내적인 효력을 상실하고 만다.

러시아의 굴라그에서는 테러가 만연했다. 테러는 단순한 폭력이 아니라, 모든 사회 구성원이 어떤 행동을 하건 어느 집단에 속해 있든 관계없이 사람들 모두에게 무차별적으로 자행되는 폭력 유형이다. 당사자는 왜 당하는지, 어째서 그런 일이 일어나는지 전혀 예측조차 하지 못한 채 살해당했고, 굴라그로 보내졌다. 국가가 자행한 테러가 이런 식으로 이루어진 것이다. 유능한 볼셰비키들이 체포된 반면에 수많은 군주제 신봉자들은 체포되지 않았다. 이유는 아무도 몰랐다. 체포된 사람들은 한결같이 분명 오해라고, 착오였을 거라고 말했다. 그러나 오해도, 착오도 없었다. 그것은 그저 테러였다.

테러는 두 가지 의미를 갖고 있다. 하나는 폭력이며 다른 하나는 공포이다. 폭력의 대상이 누구인지 아무도 모르는 폭력이 자행되면 모든 사람이 공포에 떨게 된다.

루카치는 전에 내게 이와 관련한 이야기를 들려준 적이 있다. 1935~1938년, '대대적인 테러'가 자행되었던 대숙청 시대에 헝가리 출신의 어느 작가가 모스크바에 살고 있었다. 그는 아주 곧은 사람으로 매주 식료품 꾸러미를 굴라그로 보내 주었다. 매주 일요일 점심식사 때마다 그는 부모가 수용소로 끌려간 아이들을 초대했다. 매일 밤 그는 머리맡에 배낭을 놓고 잠자리에 들었다고 한다. 이튿날 아침이면 비밀경찰이 들이닥쳐 굴라그로 끌고 갈지도 몰랐기 때문이다. 결국 그 집에 있던 사람들이 모두 잡혀갔다. 그런데 그 작가만은 체포되지 않았다고 한다. 루카치는 이렇게 말했다. "그것은 신이 있다는 증거였는지 몰라, 그래 신은 있는 거야!"

테러는 모든 사람을 대상으로 한 것일 수 있고 그렇지 않을 수도 있다. 테러는 일반적인 공포이자 폭력이다. 그리고 한편으로 테러는 신앙이기도 하다. 남편에게 매일매일 구타를 당하면서도 아내는 그 남편을 점점 더 좋아하는 모습을 간혹 보게 된다. 사회에서도 이와 비슷한 일이 일어나기도 한다. 온 나라에 테러가 지배하는데도 국민은 지도자를 더 신뢰하고 그를 더 좋아하기 시작한다. 모든 사람이 두려워했던 바로 그 스탈린을 좋아한 사람이 많았다. 나는 히틀러도 독일에서 대단한 사랑을 받았다고 생각한다. 비록 두려움의 대상이지만 지도자가 있고, 국가 내부적으로 혹은 외적으로 끝날 줄 모르는 싸움을 벌이는 상황이라면, 국민은 지도자를 믿게 되고 그를 위해서라면 죽음도 불사할 의지를 보인다.

테러를 자행하는 사람들은 자신들이 도덕적인 존재라고 확신한다. 이것은 근대 초기에 새로 생긴 현상이다. 근대 최초의 테러리스트는 로베스피에르였다. 테러는 도덕이라고 그는 일갈했다. 모든 테러리스트들은 자신이 도덕을 구현하고 있다고 굳게 믿었다. 즉 자신이 테러를 자행하는 것은 위대하고 원대한 목표를 달성하기 위해 자신은 물론 다른 사람의 생명도 희생할 준비가 되어 있기 때문이라는 것이다(다른 사람의 생명을 빼앗는 것이 더 낫다고 여겼기 때문이지만!).

다른 모든 전체주의 체제와 마찬가지로 소비에트연방도 세계 패권을 차지하려는 야심을 갖고 있었다. 한 나라에서 권력을 잡는 것만으로는 만족하지 못하고, 그 이념으로 전 세계를 정복할 야심을 가진 것이다. 이것이 스탈린의 의도였다. 특히 제2차 세계 대전 이후 스탈린은 전 세계에 소비에트 공산주의를 실현시킬 수 있다고 믿었다.

여러 나라에서 레닌주의 정당 모델을 일찍부터 받아들였다. 동유럽에서처럼 강압적으로 받아들인 경우도 있고, 시리아 바트당이나 이집트에서처럼 자발적으로 받아들인 경우도 있다. 물론 소비에트 모델과 완전히 일치하지는 않았지만, 아프리카와 아시아 그리고 라틴아메리카에는 수많은 레닌주의 정당들이 있었다.

제2차 세계대전 종전 후 파시스트 정당이건 공산주의 정당이건 모든 전체주의 정당들은 전략을 수정했다. 즉 이들은 소비에트 점령 지역을 제외한 유럽에서만큼은 권력에는 참여할지라도 더 이상 권력 장악을 목표로 삼지 않았다.

나치 독일은 유럽에서 탄생한 마지막 전체주의 국가였다. 스탈린의 러시아와 히틀러의 독일 제국에서 일어났던 세계패권의 꿈은 실체적 야욕이었다. 히틀러는 전쟁을 통해 세계지배를 이루려 했다. 그것이 가능할 수 있었던 것인지 나는 판단할 수 없을 것 같다. 히틀러는 인종차별적 국가주의의 형태인 인종주의를 핵심 이데올로기로 삼은 전체주의 국가를 만들었다. 물론 히틀러의 이데올로기는 독일 민족주의가 아니라 게르만 이데올로기였다. 즉 독일 민족이 아닌 아리안족이 세계를 정복해야 한다는 것이었다. 그러나 결국 히틀러는 벙커 안에서 독일의 여러 도시들이 파멸되는 것을 그냥 방치할 수밖에 없었다. 아마 그는 독일 민족이 자신의 원대한 이상을 구현하기에는 아직 성숙하지 않았다고 여긴 것일지 모른다.

역사학자들 가운데 소위 유대인 문제의 '최종해결Endlösung'은 원래 히틀러의 계획이 아니었고 그는 단지 유대인을 추방하려 했으나, 독일 나치즘이 극단적으로 치달으면서 '최종해결' 방향으로 갔다고 말하는 사람들도 있다. 반면 히틀러가 유대인을 말살하라는 명령을 내리지는 않았지만 유대인을 모조리 죽이려는 계획은 처음부터 히틀러의 구상이었다고 주장하는 이들도 있다. 그럼에도 불구하고 사람들은 히틀러의『나의 투쟁』에서는 애초부터 유대인 말살 계획이 있다고 결론을 내리고 있다. 히틀러는 모든 유대인을 죽일 계획을 세웠는데, 적어도 그 계획의 수단으로 삼으려는 사람들은 모두 죽이려 했다.

그 계획은 완전히 비이성적인 것이었을 뿐만 아니라 실현될 수도 없었다. 유대인은 결코 자연적인 적이 아니었다. 유대인에 대한 증오심은 순전히 구성된 것이었다. 그 이유는 무엇이었을까? 다른 형태의 인종차별도 있고, 하인이나 노예로 취급되는 사람도 있었다. 그런데 유대인의 경우에는 오로지 죽여야 한다고 생각한 것이다. 아우슈비츠를, 홀로코스트를 어떻게 설명할 수 있다는 말인가?

우리는 종종 '원인'이라는 단어와 연관된 문제에 봉착한다. '원인'은 어떤 것을 결정하거나 규정함을 의미한다. 만일 A라는 상황이 있으면, B라는 상황도 있어야 한다. 과연 홀로코스트의 원인이 있느냐 하는 문제에 대해서는 여러 관점들이 있다. 그 전보다 20세기 초에 더 극심해진 반反유대 혐오감정인 현대적, 사회적 반유대주의라고 말하기도 한다. 그런데 비단 독일만이 아니라 여러 나라에서도 그러했다. 나는 독일이 특별한 경우였다고 생각지 않는다.

반유대주의는 홀로코스트의 원인이 아니라, 전제조건이었을 뿐이다. 어째서 많은 사람들이 홀로코스트를 그리 쉽게 생각하는지, 어째서 많은 사람들이 유대인 상점을 약탈하고, 그들의 지위를 빼앗고, 주거지를 제한한 조치에 동조했는지 그 원인의 전제조건이었다는 것이다. 나는 이러한 반유대주의가 사람들이 유대인을 모두 죽이길 바라는 방향으로 이끌었다고 믿지 않는다. 그 반대로 홀로코스트는 본질적으로 독일 민중에게 비밀로 부쳐진 사건이었다. 모든 유대인을 말살하려는 목표는 공개적으로 표명되지 않았다. 물론 결과적으로 홀로코스트는 자행되었고, 사람들이 그에 관해 알고 있었거나 최소한 어떤 일이 일어났는지는 알고 있었을 것이다. 아니면 그들 자신이 속아서 아무 것도 몰랐을 수도 있다. 굴라그 역시 공개적으로 언급되지 않았다. 사람들은 그저 조국의 어떤 적대자들을 시베리아로 보냈다고 말할 뿐이었다. 얼마나 많은 사람들이 죽었는지 그 숫자는 아무도 몰랐고, 어느 누구도 알려고 하지 않았다.

이것이 전체주의 정권의 사악한 양심이다. 전체주의 정권이 두려워하는 것은 사람들이 느끼는 공감Empathie이다. 브레히트는 선善의 유혹은 억제할 수 없다고 말한 적이 있다. 어쩌면 이것은 역설적이지만 전체주의 정권의 지도자가 얼마나 많은 사람을 끌고 가서 살해했는지 공개적으로 밝히려 하지 않는 이유인지 모른다. 이것은 영국 사람이나 미국 사람 때문이 아니라, 자국민 때문에 밝히지 않은 것이다. 그들 중에 선량한 기독교인들도 있기 때문에, 그들에게 어린아이를 가스로 독살했다고 차마 말할 수 없을 테니 말이다. 인간이라면 그런 짓을 이해할 수 없을 것이다.

반유대주의는 결코 '최종해결'의 원인이 아니다. 전체주의 자체가 원인이라고 분석하는 다른 이론도 있다. 전체주의 사회에서는 끊임없이 전쟁을 필요로 한다. 그리고 전쟁은 내부의 적을 상대로 하기도 한다. 아돌프 히틀러에게는 유대인 이외에 다른 내부의 적은 없었다. 그러나 이 역시 아우슈비츠의 원인은 될 수 없다. 가능한 많은 사람을 총살시킬 수는 있겠지만 가스와 기차의 기술적 사용 등은 전체주의 체제 때문에 일어난 것은 아니다.

또 다른 개념은 지그문트 바우만에게서 비롯된다. 바우만은 전체주의 국가나 반유대주의가 아니라 테크놀로지의 모습으로 나타난 현대성이 문제의 원인이라고 생각했다. 홀로코스트의 책임은 현대적 기술에 있다. 사람들은 홀로코스트를 통해 기술을 시험하려 했기 때문이다. 총으로 수천 명을 죽일 수는 있지만 수백만 명을 죽일 수는 없다. 그렇게 하려면 열차, 기관차, 가스실이 있어야 한다.

그러나 나는 이것도 원인이 아니라고 믿는다. 독일군이 열차를 필요로 한 것은 동부전선에 보급품을 싣기 위한 것일 수도 있다. 이 경우 이데올로기가 기술보다 더 강력하다. 똑같은 기술로 유대인을 학살하기 위한 목적보다는 전쟁에 응용하는 편이 더 낫기 때문이다. 기술적 면에서 보면 아우슈비츠 조직은 실용적으로도 비합리적이었다. 절실히 필요한 노동력을 말살했다는 점은 차치하고서라도, 그것은 정말 비합리적이었다.

아우슈비츠는 반유대주의의 결과도 아니었고, 전체주의 사회나 현대 테크놀로지의 결과도 아니었다. 유대인들을 게토나 강제수용소 혹은 독일 식민지에 고립시킬 수도 있었다. 하지만 그렇게 하지 않았다.

히틀러는 벙커에서 유대인을 상대로 한 전쟁은 가장 중요한 전쟁이라고 공언했다. 히틀러는 전쟁에서 패배하리라는 것을 알고 있었다. 그런데도 그는 유대인을 말살함으로써 온 세계가 자신을 위대한 인물로 인정하리라 생각한 것이다. 히틀러는 그 일을 모든 사람이 그에게 경의를 표할 가장 위대한 업적으로 여겼다.

나의 이론은 다음과 같다. 현대 사회는 분명 "신은 죽었다"라는 니체의 말로 시작되는 이데올로기, 즉 인간의 신격화 Vergöttlichung에 의해 규정된 사회이다. 신이 존재하지 않는다면 인간이 신이 되어야 한다. 사람들은 우리 안에 내재한 인간성이 더 나은 세계를 만들 수 있다고 그렇게 이해한 것이다. 그것은 영원한 평화가 있는 유토피아, 공화주의 세계일 수도 있다. 이러한 의미에서 인간인 우리 자신이 신이 될 수 있었던 것이다.

전체주의 독재는 다른 관점을 갖고 있다. 전체주의 독재는 인간이 신을 대신할 수 있다고 믿는다. 무신론자 스탈린과 마찬가지로 히틀러도 신이 되길 원했다. 심지어 스탈린은 자연의 모델화 계획을 세우기까지 했다. 그는 러시아 전체의 자연을 바꾸려 했는데, 실로 새로운 세상을 만들려 한 것이다. 또한 스탈린은 말년에 유대인에게까지 선전포고까지 했다.

신이 되고자 하는 열망을 품고 히틀러는 원시 그리스도교적·게르만 세계의 옛 의식儀式을 다시 도입했다. 이런 이유로 그는 유대인을 자연적인 적으로 간주했다. 나는 홀로코스트를 종교적인 것 이외의 어떤 다른 것으로는 설명할 수 없다고 본다. 나치는 하느님을 이기려 했다. 유대인은 자신들이 하느님께 선택받은 민족으로 생각하고 있었으며, 자신들이 유일한 증인이기 때문에 이 세상 마지막 날까지 살아남을 것이라 믿고 있었음을 잊어선 안 된다. 하느님께 선택받은 민족을 말살하면, 그리고 예수가 살아 있었던 존재였음을 증언하는 마지막 증인을 말살하면, 하느님을 인간의 기억에서 없애는 결과가 된다. 이것이 바로 자기 자식을 죽게 방치하고 그럼으로써 진정한 왕이 될 수 있으리라 믿었던 리처드 3세의 정신세계이기도 하다.

그런 극단적인 악인들은 왕이나 지도자 혹은 지상의 신이 되기 위해 적으로 여기는 모든 사람을 죽여야 한다고 믿는다. 세계지배Weltregierung는 근대의 개념이다. 헨리크 입센의 인물, 욘 가브리엘 보르크만도 이 세상을 지배하고 싶어 했다. 히틀러나 스탈린 같은 지도자들은 세계지배라는 근대 이데올로기를 경험적으로 이해하고 있었으며 말 그대로 받아들였다. 나는 홀로코스트의 원인이 신에 맞선 인간의 전쟁, 통치의 신격화를 위한 투쟁에 초점을 둔 것이라고밖에는 달리 이해할 수 없다.

우리는 종종 그런 지도자는 미친 사람이 아닌가 하고 묻는다. 그러나 나는 그렇게 생각하지 않는다. 어떤 사람이 세계지배라는 생각에 사로잡히면 그것은 정신병처럼 보인다. 여러 면에서 그렇게 보이지만 스탈린과 히틀러는 정신병자가 아니었다. 세계지배라는 생각에 사로잡힌 사람은 그 누구도 믿지 못한다. 그는 이 세상에서 홀로 서 있는 존재이며 현실에서는 아무런 의미도 찾을 수 없다고 느끼는 사람이다. 극단적인 악은 극단적이다. 그 파괴적인 이데올로기에 이끌려 수백만 명을 몰살시키기 때문에 그렇다.

어떤 유형의 인간이 이러한 극단적인 악을 자행하는지는 중요하지 않다. 미국의 어느 심리학자는 이런 유형의 인간을 서로 비교·분석한 적이 있다. 그 결과에 따르면 스탈린은 사디스트Sadist이며, 히틀러는 네크로필리아Nekrophil(에리히 프롬이 만든 범죄심리학 용어로 사람의 시신에 대해 애착과 성욕을 느끼는 정신병자─옮긴이)라는 것이다. 하지만 그에 대한 정확한 근거를 찾을 수는 없다고 생각한다. 문제는 다음과 같은 사실이다.

일단 이 세상에 현존하는 것은 다시 모방될 수 있다. 오늘날 우리는 그런 일이 두 번 다시 일어나지 않을 거라고 말하지만 나는 그에 대해 회의적이다. 일단 일어난 일은 사람들의 상상력의 일부분이며, 인간의 상상 속에 나타난 것은 어쩌면 똑같은 방법은 아니지만 어떤 다른 형태로든 되풀이될 수 있다.

이슬람주의는 원래의 이슬람과 그다지 관련이 없음에도 스탈린이 마르크스를, 히틀러가 바그너를 이용한 것과 똑같은 방법으로 이슬람을 이용한다. 전체주의 정권 시대에도 그렇게 악용한 것이다.

6.

계급에 대한 편견,
여성에 대한 편견 그리고
성性에 대한 편견

계급에 대한 편견, 여성에 대한 편견 그리고 성에 대한 편견들은 정의의 문제와 서로 연관되어 있다. 만일 어떤 사람이 모욕을 당하면, 그는 자신이 부정의한 일을 겪었다고 말할 것이다. 남성의 자질이 자신보다 못함에도 불구하고 어떤 여성이 그에 상응하는 직위를 얻지 못하고 그 남성이 우대받는다면, 그녀는 자신이 차별을 받았을 뿐만 아니라 부당한 행위가 저질러진 것이라고 주장할 것이다.

정적인 정의와 역동적인 정의

정의Gerechtigkeit에는 두 가지 중요한 두 기본 유형이 있다. 하나는 정적인statisch 정의라 일컫는 것이며, 다른 하나는 역동적인

dynamisch 정의이다. 정적인 정의는 단순한 정의이다. 이것은 인류 역사만큼이나 오래된 것으로, 이 개념을 모르는 문화는 없을 정도이다.

학급이건 정치적 정당이건 혹은 국가건 규범과 규칙을 통해 조직된 인간 공동체라면 정적인 정의를 모든 개개인에게 일관되고 모순 없이 적용해야 한다. 20명의 학생이 시험을 보았는데 부진한 학생이 좋은 점수를 받았다면, 우수한 학생은 자신이 부당한 대접을 받았다고 생각하고 그 이유를 물을 것이다. 딸 셋이 있는 가정에서 아버지가 두 딸에게만 초콜릿을 주었다면, 초콜릿을 받지 못한 딸은 그것은 부당하다고, 똑같이 대우해 달라고 말할 것이다. 이것은 한 나라 국민에게도 마찬가지도 적용되는데, 예컨대 법 앞에서 평등해야 한다는 주장이 그것이다.

모든 사회와 문화권에서 사람들은 어떤 것이 부정의 Ungerechtigkeit인지 알고 있다. 그런데 부정의는 편견 때문에 일어나는 경우가 대부분으로, 이 역시 사회적 편견일 수 있다. 변변치 않은 옷을 입고 등교한 여자 아이를 보고 교사는 가난한 집안의 딸일 것이라 생각할 것이며, 부지불식간에 옷을 잘 차려입은 여자 아이에게는 더 좋은 점수를 줄지도 모른다. 또한 그 아이가 낯선 문화권에서 온 학생이라면 모국인 여학생과는 다르게 대할지도 모른다. 더욱이 말도 어눌해서 낮은 점수를 받을 가능성도 있다. 그런데 실제로 그 아이는 똑똑하고 아는 것이 많은 아이일 수도 있다.

편견

인종차별도 중요한 역할을 한다. 미국 남부 주에서 있었던 흑인에 대한 차별을 실례로 들 수 있다. 이 차별은 사회적 차별인 동시에 국가에 의한 정치적 차별이기도 했다. 1940년대만 하더라도 미국 남부 지역에서 흑인들은 백인에게 자리를 양보해야 했다는 사실은 잘 알려져 있다. 당연히 흑인들은 자신들이 부당한 일을 당했다고 주장할 만했다.

차별은 사회적 특성만 있는 것이 아니라, 개인적 차별도 있다. 사람들은 자신만의 경험을 근간으로 한 개인적인 편견들을 갖고 있다. 학급의 어느 학생이 예전에 교사에게 적대적인 짓을 자행했던 사람과 아주 닮았다면, 교사는 자신도 모르는 사이에 그에게 차별적으로 대할 것이다. 그러면 그 학생은 부모에게 자신이 부정의한 일을 당했다고 하소연할 것이다.

이런 일은 법정에서도 일어난다. 어느 미국 영화에는 한 젊은 이가 절도를 저질렀는지 여부를 12명으로 구성된 배심원단이 판결을 내려야 하는 장면이 나온다. 11명의 배심원들은 그가 유죄라고 생각했고, 무죄라고 판단한 배심원은 단 한 명뿐이었다. 결국 처음부터 그 남자가 유죄라고 생각한 모든 사람들은 상황을 정확히 판단하지 않은 상태에서 자신의 경험을 토대로 그를 죄인으로 단정했음이 밝혀졌다.

아이들 사이에도 부정의한 일이 발생할 수 있다. 특히 심심치 않게 인종적 편견이나 다른 종족에 대한 스테레오타입이 작용한다. 부모가 가난해서 아이가 좋은 옷을 입지 못한 경우, 말을 유창하게 하지 못하는 경우, 피부색이 다르거나 운동을 잘하지 못하는 경우, 다른 아이들로부터 차별을 당하는 일이 비일비재하다.

차별은 단지 말로만 그치지 않고 폭력을 통해서도 이루어진다. 아이들이 다른 아이들이나 교사들에게 구타를 당했다고 전하는 이야기는 이루 말할 수 없을 정도로 많다. 다른 사람들과 똑같이 아이들을 대할 필요가 없다는 편견에 감염되었기 때문이다. 물론 예외는 있다. 엄격하게 대하는 학생이 해당 학교 교장 가족의 친척이나 친구라면 그것은 긍정적 차별이라 여길 수 있다. 이것은 정치적 영역에서도 일어난다. 예컨대 미국에서 있었던 여성과 아프리카 출신 사람들에 대한 긍정적 차별 등, 과거에 자행되었던 부정의를 바로잡아 조정하기 위한 것이 그 실례이다.

자연히 정치적 영역에서는, 예를 들면 선거권의 '질적인 제한'과 같은 부정적인 차별이 존재한다. 선거권이 처음 도입될 때에는 제한적으로 부여되었다. 선거를 할 수 있으려면 특별한 자격조건이 필요했다. 시민은 두 그룹으로 나뉘었다. 수동적 시민은 그 존재 자체로 인정받았으나 선거권은 가질 수 없다. 선거를 할 수 있으려면 일단 읽고 쓸 줄 알아야 했다. 이것은 미국 남부 주에서 흑인들을 겨냥한 정책이었다. 두 번째는 재산이 있어야 했다. 이 요건은 특히 유럽에서 아주 오랫동안 가장 중요한 자격조건이었

편견

다. 물론 선거자격을 가진 사람은 남자에 국한되었다. 더욱이 독립적인 일을 하는 사람과 직업적으로 종속되지 않은 사람이어야 했다. 노동자나 고용인은 선거권을 가질 수 없었다. 유럽에서 이것은 오랫동안 관습적으로 행해졌다.

칸트도 자립적인 일을 하는 남성만이 선거권을 가져야 한다고 생각했다. 종속적인 처지에 있는 사람은 항상 고용주가 지지하는 정당에 투표할 것이기 때문이라는 것이다. 마찬가지로 여성들도 어차피 남편이 지지하는 정당에 투표할 것이기 때문에 여성에게도 선거권을 주어선 안 된다고도 했다. 그렇지만 수동적 시민과 능동적 시민에 대한 규정은 이들에게 주어진 법 앞에서의 평등에 해당되지 않는다.

학업을 위한 입학에서도 차별이 있었다. 초창기에 여성들은 공부할 자격을 얻지 못하다가, 이후 인문학 분야에 한해 개방되었다. 필자의 할머니는 1870년대 빈 대학에 입학한 최초의 여학생 가운데 한 사람이었다. 당시만 해도 남학생들이 볼 수 없도록 칸막이 뒤에 앉아서 강의를 들어야 했다. 유럽에서 공학과 자연과학 분야에서 여학생들에게 학업의 문호를 개방한 나라는 얼마 되지 않았다. 처음으로 그 문을 연 나라는 프랑스였다. 여성에게 가장 늦게 문호를 개방한 분야는 기술 관련 학문이었다.

또한 우리는 정적인 정의의 문제에서도 심각한 부정의가 나타나고, 여성, 인종, 계급에 대한 편견을 비롯하여 여러 유형의 편견이 큰 역할을 하고 있다는 사실을 알고 있다.

정적인 정의에서 규범과 규칙도 정당하지 않을 여지가 있다. 여기서 중요한 것은 세부적인 것까지 완벽하게 적용하는 것이 아니라, 규범과 규칙 자체가 정당한지 그렇지 않은지 하는 문제이다. 모든 사회가 역동적인 정의를 알지는 못한다. 옛날에는 사회 내부의 갈등이 빚어질 때에만 역동적인 정의가 나타났다.

예컨대 기원전 5세기 아테네에서 이와 유사한 일이 있었다. 몇몇 소피스트들은 어떤 사람은 노예로 태어났고, 어떤 사람은 자유인이라고 하는 것은 정당하지 않다고 말했다. 노예들 가운데에는 자유인이 많았기 때문이다. 원래는 노예가 아니었으나 전쟁에서 패해 노예 신분으로 전락한 사람들이었던 것이다. 이들은 노예로 태어난 것이 아니었다. 따라서 이들을 노예로 부리는 것은 부당하다는 것이다.

여기서 이 문제 제기는 정의에 관한 규범과 규칙 자체에도 적용된다. 그 테제는 현존하는 규범이 정당하지 않고 다른 규범으로 대체되어야 한다는 것이다. 근대에 이르러 우리가 역동적인 정의라 일컫는 것들이 더욱 중요해졌고 실제 적용되어야 하는 것으로 인식되었다. 그래서 19세기에 능동적 시민과 수동적 시민으로 나누는 것은 정당하지 않으며, 모든 시민에게 선거권과 피선거권을 가질 권리를 부여해야 한다는 요구가 부각되었다. 결국 적극

편견

적 시민과 수동적 시민의 구별은 없어졌다.

여성에게도 이와 똑같은 과정이 있었다. 이른바 '서프러제트들 Suffragetten'(여성 참정권 주창자들─옮긴이)은 여성의 선거권 쟁취를 위해 투쟁했다. 19~20세기의 큰 물결은 남성들에게만 선거권을 부여하는 것은 부정의하다는 입장을 대변했다. 마침내 스위스에서는 1971년 처음으로 여성에게 선거권을 부여함으로써 서프러제트들은 그들의 목적을 성취했다. 이로써 여성들은 능동적 시민 그룹에 속하게 된 것이다.

현대 민주주의 국가에서는 지금 능동적 시민과 수동적 시민의 차이는 존재하지 않는다. 여전히 부유한 사람과 가난한 사람, 독립적인 사람과 종속적인 사람, 남자와 여자 간의 차이는 있을지라도, 이 규범과 규칙들은 동등하고 완전하게 모든 시민들에게 적용되고 있다.

역동적인 정의는 현재의 정의 관념에 속한다. 현대 사회에서 사회적 갈등을 해결하기 위해 중요한 핵심은 거의 언제나 이 역동적인 정의이다. 여기서 중요한 것은 어째서 특정 집단은 특정한 권리를 갖지 못하는지, 그 규칙을 바꾸어야 하는 이유는 무엇인지 하는 점이다. 역동적인 정의의 언어는 현대 사회를 특징짓는 표현이기도 하며 신문에서도 가장 큰 지면을 차지한다.

우리가 어떤 문제에 대해 찬성하거나 반대하는 입장에 서면, 논증의 출발점이 되는 관점의 공통적 토대인 근거가 있어야 한다. 그래야 그 입장이 당연한 것으로 인정받기 때문이다. 즉 논증은 그것을 토대로만 근거가 마련되고 끝까지 관철할 수 있기 때문이다. 우리가 공동의 관점에서 출발할 때, 논증이 믿을 수 있는 것이어야 다른 사람들을 설득할 수 있다.

현실에서 우리가 명분으로 삼는 가치는 생명, 평등, 자유라는 세 가지 가치이다. 예컨대 여성의 선거권은 자유와 평등을 근거로한 것이다. 헌법에서 명시하고 있듯이, 모든 사람이 평등하게 태어났다면, 이 명분은 여성에게도 적용되어야 한다. 선거권과 관련한 자격요건에 관한 모든 경우에서 제기되는 논증은 평등과 자유에기초한 것이다.

역동적인 정의는 개별적 차별 사례에만 국한하지 않고 보편적으로 한 집단의 차별에 대해서도 판단하는 기준이 된다. 반면 정적인 정의는 보편적인 차별에 반박하기 위한 논증의 근거가 아니라 각각의 개별적 차별을 대상으로 한 것이다. 즉 정적인 정의는 개별적 사례에서 한 집단에 대해 자행되는 부정의를 다룰 때 적용된다. 예를 들면 집시가 차별 대상이라면 정적인 부정의가 일반적으로 집시들에 대한 차별의 결과라는 것이며, 이것은 이미 역동적인 정의의 영역에 속한다. 현대에 이르러 정적인 정의와 역동적인 정의는 서로 밀접한 관련을 맺고 있다.

여성의 동등권에 관한 문제에서 많은 사람들은 성서를 근거로 내세운다. 그러나 그런 주장을 하는 사람들은 성서를 잘못 읽

편견

은 것이다. 성서에는 두 가지 창조 이야기가 언급되어 있다. 첫 번째 이야기는 하느님이 자신과 똑같은 형상을 따라 인간을 창조하였는데, 하느님이 남자와 여자를 구분하지 않고 둘 다 모두 하느님 자신의 모습대로 만들었다는 내용이다. 남자의 갈비뼈에서 여성을 창조했다는 두 번째 이야기는 약 500년 후에 등장한 것이다. 원문에는 "그리하여 남자는 아버지와 어머니를 떠나 아내와 어울려 한 몸이 되게 되었다."고 기록되어 있다. 두 사람이 에덴동산에서 추방되면서부터 남자는 노동을 하고 여자는 출산을 해야 했으며, 여자는 남자에게 순종하기 시작했다고 성서는 전하고 있다. 이것은 사건에 대한 단순한 서술일 뿐이며, 애초부터 여성의 운명에 관한 내용이 아니다. 그렇기 때문에 성서에서 그 근거를 끌어들이는 것은 잘못이다.

분배의 정의와 징벌적 정의

정적인 정의와 역동적인 정의의 범주 속에 무조건 배열할 수 없는 또 다른 유형의 정의가 있는데 그것이 바로 분배적 정의이다. 이 분배적 정의는 현대 사회에서 상품과 사람 그리고 노동의 분배가 정의롭게 규정되어야 한다는 것이다.

분배적 정의는 평등의 범주에 근거를 둔 현대의 기본가치와 서로 연관되어 있다. 그런데 문제는 평등의 개념이 무엇을 의미하느냐 하는 것이다. 우리는 법 앞에서의 평등이 정적인 정의에 속한다고 말할 수 있다. 규칙과 규범들이 사회 집단에 동등하게 적용된다면 정적인 정의는 주어진 것이다. 그러면 일종의 평등이 그 집단 속에 정착되는 것이다.

프랑스 혁명에서 평등을 이야기한 것은 모든 시민의 평등을 강조하기 위함이었다. 과거 신분 사회와 달리 현대 사회는 역할의 원칙에 따라 구분된다. 어떤 사람이 사회의 위계서열에서 차지하는 위치는 그가 하는 역할에 따라 결정된다.

이러한 맥락에서 평등은 모든 사람이 동등한 기회를 갖는 것을 의미한다. 사람들은 각자의 재능에 따라 다양한 역할을 하고 있으며, 그렇기 때문에 사회 위계서열 안에서 서로 다른 지위를 갖는다. 현대 사회에서 사람들에게 인생 초반부에 동등한 기회를 부여하는 것은 반드시 필요하며, 그러한 사회 구조가 인정받을 수 있는 전제조건이다.

모든 사람에게 동등한 기회를 열어 주기 위해 국가는 그에 합당한 일을 해야 한다. 물론 실제로 평등한 기회는 한 번도 없었다. 그것은 이상에 그쳤으며 지금까지 모든 사회는 그 이상을 완전히 구현하지 못했다. 그럼에도 이 이상은 매우 중요하며 사람들의 머릿속에 강하게 남아 있다. 심지어 이 이상은 현대 사회 생활에서 아주 근본적인 문제로 여겨지고 있다. 그리고 여전히 현대 사회는 모든 사람들이 자신의 역량을 활용해 기회를 이용할 수 있는 자유를 가져야 한다는 이상에 근간을 두고 있다. 이것은 분배의 정의와 서로 관련이 있다.

　평등한 기회는 기회가 평등하게 배분되어야 한다는 것을 의미한다. 현대 사회에서 노동하는 사람과 재화의 기본 분배는 시장에서 이루어진다. 카를 마르크스는 고용주와 노동자는 자유롭고 동등한 파트너로서 계약을 체결한다고 말했지만, 그 계약의 결과는 기회의 불평등이며 이것은 현대의 가치와 모순되는 부정의이다. 따라서 국가가 재분배의 몫을 담당해야 한다. 국가는 상품과 화폐 그리고 이를 통해 가능성과 기회도 비교적 동등하게 분배해야 한다.

분배적 정의의 문제와 관련해서 현대 사회에는 끊임없는 갈등들이 내재해 있다. 세금을 얼마나 납부해야 하는가? 세금 납부 대상은 어떤 사람들인가? 세금을 통해 혜택을 받는 사람은 누구인가? 이 모든 문제들이 바로 정의의 문제이기도 하다. 재분배는 부당하기 때문에 특정 집단이 재분배로 인해 불이익을 당할 수밖에 없다는 주장도 계속 제기되고 있다.

　몇 년 전에 미국에서는 불법 이민자 가정의 자녀들을 국립학교에 입학시키지 못하도록 하는 법을 도입하려 한 적이 있었다(물론 이 법은 의결되지 못했다). 여기서도 문제가 된 쟁점은 불법 이민자 가정의 자녀들을 위해 세금을 내는 것이 정당한지 그렇지 않은지 하는 점이었다. 그러나 아이들은 누구나 다 학교에 입학하게 해야 한다. 재분배 관련 입법과 동등한 기회의 문제는 종족 집단, 계급, 이주민, 여성에 대한 차별의 문제와 서로 관련이 있다.

또 다른 유형의 정의는 징벌적 정의이다. 여기서는 형벌의 세 원칙이 중요하다. 그리고 또 문제가 되는 것은 어떤 원칙이 정당한가 하는 점이다. 첫 번째 원칙은 이른바 응징Retribution이다. 다시 말해 어떤 사람이 저지른 행위에 대해, 즉 그 행위의 경중輕重에 따라 처벌하는 것이다. 이 원칙에 따르면 만일 누군가 두 차례 고소를 당했다면, 그가 전에 이미 처벌을 받았는지는 중요하지 않고, 실제 저지른 행동을 기준으로 처벌받게 하는 것이다.

두 번째 원칙은 사회를 악한 사람으로부터 보호하려는 것이다. 이 원칙에 의하면 어떤 사람이 저지른 행위를 보고 처벌하는 것이 아니라, 다른 사람에게 해를 끼치는 것에 대해 처벌하는 것이다. 예를 들면 어떤 사람이 어머니를 죽였다면, 그 범죄는 외국인을 죽인 죄와는 다른 기준으로 처벌해야 한다는 것을 의미한다. 외국인을 대상으로 한 범죄는 반복적으로 자행될 수 있기 때문이다. 처벌 강도强度는 범죄자들이 사회에 끼치는 위험성에 따라 좌우된다. 그렇기에 이것은 일종의 예방적 조치인 셈이다. 이 원칙에 의하면 한 번 처벌받은 사람이 재차 범죄를 저질렀을 때에는 더 큰 처벌을 받는다. 이것은 첫 번째 원칙과는 전혀 다르다.

세 번째 원칙은 범죄자를 교정시키기 위한 처벌이다. 이 관념은 더 나은 사람이 되어 출옥하는 경우를 상정한 것이다. 하지만 오늘날에는 감옥이 수감자를 쇄신시키는 것이 아니라 당사자에게 전혀 상반된 영향을 끼친다는 데 의견이 모아지고 있다. 즉 수감자는 이전보다 더 많은 문제를 안고 출옥한다는 사실이다. 이것은 개선되는 사람이 전혀 없다는 것을 뜻하는 것이 아니다. 다만 수감자가 더 나아진 상태로 변했다면 수감생활 때문에 그런 것이 아니라, '그럼에도 불구하고' 나아졌다는 것을 의미한다. 미셸 푸코는 『감시와 처벌』에서 이에 관한 많은 흥미로운 내용을 기술하였다. 물론 푸코도 사람들이 감옥에서 더 나아질 수 있다는 사실을 믿지 않았다.

오늘날에는 안타깝지만 대부분 두 번째 원칙이 적용되고 있다. 사람들은 '범죄 분자kriminelles Element'들로부터 사회를 보호하기 위해 처벌하고 있는 것이다. 현대 사회에서는 일반적으로 예방적 정의의 원칙이 적용되고 있다. 푸코는 이 원칙은 무엇보다 '범죄 분자' 개념을 더 부각시키고 있다고 주장한다. 즉 그전까지는 그런 분자들이 없었으며, 처벌받을 짓을 한 사람들만 있을 뿐이다. 오늘날 경찰은 '범죄 분자'들이 또 다시 범행을 저지르지 않는지 확인하기 위해 이들을 감시한다.

물론 이 원칙은 부당하다. 그리고 절도하는 것밖에는 할 수 있는 것이 없는 사람들도 있다. 이들은 위험하다기보다는 가련한 사람들이다. 어쩌면 이들이 절도를 저지른 것은 충동 때문일 수도 있고, 그저 먹을 게 없어서 그랬을 수도 있기 때문이다.

가난한 나라에서는 거의 대부분 가난한 사람들이 아이들에게 먹일 것이 없어서 여러 차례 절도를 저지르는 형편이다. 그렇기 때문에 이 나라에서 예방적 원칙은 오히려 차별적이다. 나는 당사자가 과거에 이와 유사한 범죄 행위를 저질렀느냐와 상관없이 그가 저지른 행위만을 기준으로 처벌하는 것이 더 옳다고 생각한다. 물론 이 경우에도 가난한 사람들은 차별을 받게 되겠지만.

마지막으로 정의의 구분이 있는데, 예컨대 정의로운 전쟁과 부정의한 전쟁 간의 구분이 그것이다. 여기서도 차별은 존재하는데, 전쟁을 수행할 권리와 전쟁 중의 권리, 이 두 영역으로 구분된다. 국제적으로 추인받은 특정한 전쟁 범죄를 상대로 한 법률이 있다. 국제기구들이 전시법戰時法, Kriegsrecht에 대해 여러 차례 논의하고 집단적 결의를 취한 이후에도 몇몇 나라를 대상으로 한 차별들은 여전히 존재한다.

편견의 관점에서도 정의의 이상은 아주 중요하다. 정의의 본질은 무엇인가? 특히 분배적 정의에서 모든 사람이 동등하게 대우받아야 한다고 말한다. 각자 똑같은 크기의 빵을 먹고 똑같은 크기의 집에 살고, 똑같은 학교에 다녀야 한다는 것이다. 그러나 이 원칙은 현대 사회에서는 옳지 않을 뿐더러 차별적이라고 여겨진다. 게으른 사람이 있는 반면에 그렇지 않은 사람이 있는데 어떻게 각자 동등하게 대접받을 수 있다는 말인가? 나는 이 부분에서 카를 마르크스의 말을 상기시키고자 한다. 마르크스는 이 원칙을 '보편적 질투심'이라 일컬었다. 다른 사람이 더 많이 소유하면,

사람이라면 누구나 다 질투심이 생긴다. 여기서는 법 앞에서 각자 동등한 대우를 받아야 한다는 명제 이외에 이 원칙은 인정받지 못한다.

"각자 자신이 일한 대로"라는 중요한 원칙이 있다. 특히 여성들은 오랜 투쟁 끝에 동등한 노동과 동등한 임금을 쟁취할 수 있었다. 그러나 근본적으로 인정받는 것은 "각자 자신의 수익에 따라"라는 원칙이다.

반면 "각자 자신의 필요에 따라"라는 원칙도 있다. 과연 사람들은 각자 필요한 대로 받을 수 있을까? 이것은 질병에 걸렸을 경우에는 인정된다. 누군가 건강을 회복하기 위해 의약품이나 의사 혹은 병원이 필요한 경우, 사람들은 동등하게 필요한 조치를 받을 수 있도록 대우받아야 하고 필요에 따라 치료받아야 한다. 하지만 저택에 살고 싶다고 느낀다고 반드시 그 욕구를 충족시킬수는 없다. 누가 그렇게 해 줄 수 있단 말인가?

모든 사람의 필요나 욕구를 충족시킬 수 있다는 이상은 있지만 그것은 불가능하다. 데이비드 흄은 오직 두 가지 상황에서만 이 이상이 발휘될 수 있다고 보았다. 예컨대 어느 누구도 가질 수 있는 것이 전혀 없는 전쟁이나 포로수용소처럼 절대적 궁핍이 지배하는 상황이 그 하나이며, 다른 하나는 자연이 인간에게 모든 것을 주는 절대적 풍요가 지배하는 상황이다. 그렇게 되면 우리의 욕구 충족은 다른 사람에게 영향을 주지 않는다. 그렇지만 상대적 빈곤과 상대적 풍요가 있는 일반적 상황에서 우리는 필요한 모든 것을 충족할 수는 없는 법이다.

파르베누Parvenus
- - - - - - - - - - - - - - - - - -

어떤 사회에서 종족 집단이나 인종, 계급에 대한 편견이 존재하면, 그 편견의 대상이 되는 사람들은 자기 스스로를 그와 동일시한다. 즉 이들은 타인이 자신을 보는 관점에 따라 스스로를 이해한다는 사실이다. 그렇기 때문에 한나 아렌트가 '파르베누Parvenus'라고 부른 사람들의 행동 유형이 생긴 것이다.

'파르베누'는 사회의 편견 때문에 고초를 겪은 집단의 구성원들이다. 그는 편견을 감지하고, 마치 자기 자신은 그 집단에 속하지 않은 사람인 양 처신한다. 한나 아렌트는 유대인의 정체성을 드러내지 않고 유대인에 대한 편견에 사로잡힌 사회 계급에 동화되려는 유대인을 그 사례로 들었다. 이들은 주류 사회 사람과 같은 복장을 하고 그들 말투로 말을 하고, 마치 자신은 그들 집단에 속한 사람이라는 인상을 주려 한다.

이것은 계급 편견에서도 작용한다. 다른 사람들은 알아보지 못했지만 영국 식민지 치하의 귀족들은 노동자계급 출신의 파르베누들이 뒤섞여 있었다. 이들은 자신이 귀족처럼 보이기를 간절히 바란 나머지 영국인들보다 인도인들에 대한 편견을 더 심하게 갖게 되었다.

19세기는 파르베누의 시대였다. 본질적으로 이들은 어떤 계급에도 속하지 않으면서도 전형적인 계급사회의 특성을 가장 뚜렷하게 드러낸 사람들이었다. 이들은 가능한 자기 계급에서 다른 계급으로 올려가려고 '안간힘'을 다했다. 이들은 자신이 속한 계급을 부끄러워하며 자기가 마치 고상한 계급에 속하는 사람인 것처럼 행동했다. 파르베누들은 언제나 더 높은 계급에 동화되려 했다. 예를 들면 이들은 원래 방언을 사용했음에도 표준영어Kings English로 말하는 법을 배우기도 했다.

다양한 계급과 종족 집단들은 이런 식으로 동화되어, 다른 사람이 원래 자신의 출신을 알아보지 못할 것이라고 생각하기에 이르렀다. 여성의 경우에는 그렇지 않았다. 여성들도 남성들의 스테레오타입과 동일시했으나 자신이 남자인 것처럼 그렇게 처신할 수는 없었다. 조지 엘리엇과 조르주 상드는 여자였음에도 책을 팔기 위해 남자 이름을 사용했다. 그렇다고 그녀들이 자신을 남자로 생각한 것은 아니었다. 여기서는 다른 모습의 형태로 편견과의 동일시를 추구했던 것이다.

성에 대한 편견

여성에 대한 편견은 당연히 성에 대한 편견에 속한다. 푸코는 빅토리아 시대를 시작으로 성의 역사에 대해 기술한 세 권의 책을 출간했다. 푸코는 섹슈얼리티가 근대에 비로소, 정확히는 19세기 이후에 생긴 것으로 보았다.

섹슈얼리티에는 아주 다양한 행동과 감정들이 집약되어 나타난다. 18세기까지 사람들은 성스러운 혼인 관계에서 일어나는 일이나 동성애적 관계에서 일어나는 일, 아이들의 자위행위 등을 같은 개념으로 적용하는 것을 상상할 수 없었다. 남자와 여자 사이에 일어나는 일은 도덕이었다. 예컨대 혼외婚外 연인 관계나 동성애 관계 혹은 자위행위 등은 전부 죄였다. 도덕과 죄악이 같은 범주에 속하지 않았기 때문에 섹슈얼리티 같은 개념을 이해할 수 없었을 것이다.

섹슈얼리티 개념은 빅토리아 시대에 생긴 것이다. 그 당시, 사람들은 이 행위를 도덕이나 악덕, 선과 악의 범주로 보지 않고 다른 유형의 범주에서 찾았다. 그때는 임상실험 혹은 정신적 질병이 처음 등장한 시대였고 환영幻影에 시달리는 사람을 치료 가능한 존재가 아니라, 미친 사람으로 여겼던 시대였다. 물론 이 역시 새로운 현상이었다. 정신병의 범주는 19세기에 등장한 범주였다.

도덕이나 악덕의 자리에 정상적인 것과 비정상적인 것, 정상적인 것과 변태적인 것으로 구분하는 새로운 개념이 들어섰다. 성도착증이나 변태는 새로운 개념이었는데, 그것은 악한 것이 아니라 비정상적인 것이다. 그리고 남녀 간에 일어나는 일도 정상적인 것으로 이해하기 시작했다. 또한 당시에는 혼인 외적인 관계에서 일어나는 일들도 정상적인 것으로 여겼다. 이것들은 100년 전에만 하더라도 악덕으로 생각했던 것들이었다. 이제 악덕으로 여긴 것 중에서 어떤 유형은 정상적인 것으로, 다른 것들은 여전히 비정상적이고 변태적인 것으로 분리하여 생각한 것이다.

　　이른바 변태라는 것은 더 이상 하느님의 징벌을 두려워해야 할 문제가 아니라, 다른 사람의 시선을 의식해 수치스러운 것으로 받아들이면서, 당사자의 그 성적 취향을 숨겨야 하는 것으로 여겼다. 하느님 앞에서는 숨길 필요는 없지만 다른 사람에게는 숨겨야 했던 것이다. 이 행위들에 대한 평가는 19세기에 들어서 달라졌다.

　　지그문트 프로이트가 빈에서 활동하기 시작한 것이 이 무렵이다. 이 '정신분석학의 아버지'는 모두 무의식과 관련이 있는 세 가지 중요한 이론을 발견했다. 사람들은 많은 일들이 무의식적으로 일어난다는 것을 이제 알게 되었는데, 사실 무의식은 새로운 것이 아니었다. 그럼에도 프로이트는 무의식의 징후들을 연구할 수 있었다. 그 첫 번째는 꿈이다. 꿈을 통해 무의식은 다양한 형태로 모습을 드러낸다. 사람들은 '명시적인 꿈manifester Traum'에서 '잠재적인 꿈latenter Traum'으로 전환하게 되는데, 이것은 꿈의 실제 의미를 해독하기 위한 것이다. 뿐만 아니라 무의식은 사람들의 말실수나 위트를 통해서도 나타난다. 이렇듯 무의식이 세 가지 형태로 나타난다는 것이 프로이트의 위대한 발견이었다.

프로이트는 섹슈얼리티를 '리비도Libido' 개념을 통해 해석했는데, 이 리비도는 다양한 현상의 섹슈얼리티 형태를 낳은 신비스러운 힘이다. 정상적인 것이든 변태적인 것이든 상관없이 모든 섹스 행위에서는 동일한 리비도가 나타난다. 이러한 의미에서 프로이트는 빅토리아 시대의 개념을 이어받았다.

프로이트도 정상적인 성 관계와 변태 행위를 구분하였다. 이러한 의미에서 그는 보수적인 빅토리아 시대의 사람이었다. 부부냐 아니냐와 무관하게 프로이트는 남녀 간의 건전한 성 관계가 있다고 여겼다. 프로이트가 보기에 다른 모든 성행위들, 특히 동성 간 성행위는 일탈이자 변태였다. 따라서 그런 유형의 비정상적인 섹슈얼리티로 고통받는 사람은 치료를 받아야 하는 대상이다. 즉 동성애는 이성 간의 섹슈얼리티로 전환시켜야 한다는 것이다.

프로이트는 아이들의 섹슈얼리티도 발견했다. 이것은 전통적 그리스도교 관점에서 보면 대단히 낯선 것이었다. 가톨릭교도나 프로테스탄트교도 그리고 유대인 모두 도덕과 악덕을 엄격히 구분했다. 부부 사이에서 일어나지 않는 모든 것들은 악덕이었다. 물론 어떤 종교도 아이들의 섹슈얼리티는 절대 허용하지 않았다. 아이들은 적어도 13~14살까지는 '순진무구한' 상태로 있어야 했다. 즉 아이들은 어른들이 하는 일을 알아선 안 되며, 어른들과 그것에 대해 이야기해서도 안 되었다. '그 짓'을 하지 않는 한, 아이들은 순진무구한 존재이어야 한다는 것이 그리스도교적 관념이었다.

그러나 19세기에 이 '순진함Unschuld'은 종결되었다. 프로이트가 아이들의 섹슈얼리티를 발견하고 서술했기 때문이다. 그에 의하면, 아이들 역시 에로틱하고 성적인 놀이를 하며, 무엇보다 이들이 '순진무구한' 존재가 아니다. 또한 아이들은 엄마에 의해 에로틱하게 보이는 옷을 입고, 아버지를 미워하게 된다는 것이다. 프로이트는 이 관찰을 오이디푸스 콤플렉스와 연관 짓는다. 부모 사이에 행해진 성행위를 목격했거나 들었지만, 무슨 일인지 이해할 수 없었던 어린 아이의 경험이 평생 동안 고통을 겪게 되는 콤플렉스로 이어진다는 것이다. 그것이 콤플렉스가 되는 것은 아이는 그에 대해 아무 것도 모르기 때문이다.

프로이트와 더불어 어린이가 순진하다는 그리스도교·유대교적 개념은 사라지고, 인식과 행동이 다양해졌다. 그러나 푸코는 사람들이 항상 섹슈얼리티에 대해 이야기하기 때문에 이 새로운 개념은 억압Repression으로 표현될 수 없다고 생각했다. 사람들은 항상 오이디푸스 콤플렉스나 리비도에 대해 이야기한다. 비록 인정하지는 않을지라도 그런 말 역시 에로틱한 행동이다. 변태와 정상을 구분하는 새로운 개념 이후 에로틱한 충족의 의미가 더 증대된 것이다.

프로이트는 또 다른 주제를 여성의 문제로 이끌고 간다. 프로이트뿐만 아니라 푸코도 오로지 남자들의 섹슈얼리티만을 이야기했지 여성들은 이 담론에서 제외했다. 푸코는 변태와 정상적인 섹슈얼리티에 관해 언급하면서 전통적인 종교적 개념과 근대의 생물학적 섹스 및 리비도 개념의 차이에 대한 해석을 시도했지만 이 모든 논의들을 오로지 남성이나 소년을 예로 들면서 다루었다.

프로이트도 마찬가지였다. 물론 프로이트는 여성에 관해 언급하기도 했지만, 그것은 남자아이가 되기를 바라는 여자 아이들의 남근선망Penisneid에 관한 내용이었다. 즉 여아 아이들은 전에는 남근을 가졌으나 거세되었다고 생각하기 때문에 거세콤플렉스Kastrationskomplex를 갖고 있다는 것이다. 여성은 완전한 인간이 아니라는 프로이트의 이러한 관점에는 아리스토텔레스의 여성관이 배어 있다. 아리스토텔레스는 여자는 무언가 결핍되었기 때문에 남자가 되다 만 존재라고 말한 바 있다. 즉 여성이 어떤 것을 갖고 있느냐 하는 것이 아니라, 항상 여성에게 어떤 것이 없느냐 하는 데 초점을 둔 것이다.

여성에 대한 편견

프로이트는 현대 과학의 가장 위대한 인물 가운데 한 사람이다. 그런데 과학이라기보다는 철학에 가까운 프로이트의 이론들은 아주 중요한 내용을 담고 있다. 프로이트는 남성들, 심지어 아버지나 계부 혹은 삼촌과 성적인 유희를 하거나 이들로부터 성폭행당하는 것을 상상하는 여성들에 관해 언급하였다. 그는 이 모든 것들은 그저 판타지일 뿐이라고 믿고 기술한 것이다. 프로이트가 보기에는 어린 여자 아이들도 에로틱한 판타지를 갖고 있으며, 그에 대해 이야기한다고 생각했다. 그렇지만 오늘날 페미니즘 운동은 프로이트의 주장에 대해 대단히 회의적이다.

어린 소녀가 아버지, 계부 그리고 삼촌들로부터 이용당하고 더욱이 성폭행을 당한다는 사실은 남자 아이에게도 적용된다. 물론 이것은 판타지가 아니라 실제로 일어났던 어떤 사건에 대한 이야기였다. 프로이트는 이 이야기에서 당대의 편견, 여성에 대한 편견에 사로잡혀 있다. 비록 새로운 형태이지만 그것은 아리스토텔레스가 주장한 내용과 똑같은 편견이었다.

시민적 계급사회 시대, 특히 시민계급에서 여성에 대한 편견들은 더욱 증폭되었다. 여성에 대한 편견은 (수없이 많은 편견들과 맞서 싸웠던) 근대에 이르러 상당히 약화되었다고 생각하기 쉽지만 사실은 그렇지 않았다. 시민계급 사회가 발전하던 그 시대에 오히려 여성에 대한 편견들이 강화된 것이다. 내가 문명화 과정에서 언급한 내용을 떠올리면 이것은 그리 놀랍지 않을 것이다. 노베르트 엘리아스는 이와 같은 이름의 책, 『문명화 과정』에서 귀족과 차별화된 자신만의 개성을 드러내기 위해 시민계급이 어떻게 그들 자신의 규범과 도덕을 구축해 왔는지 기술하고 있다. 즉 이들은 스스로 도덕적인 계급으로 인정받고 싶었고, 그다지 도덕적이지 않은 귀족들과 확연하게 구분하려 하였다.

여성들은 그 이전보다 더욱 더 남성들에게 종속되었다. 시민 계급 세계에서는 어머니나 남자의 엄마와 같은 고귀한 여성성을 가진 성녀聖女와 창녀가 있었다. 그러나 이들은 결코 제3의 신분이 아니었다. 여성은 성녀 아니면 창녀였으며, 그에 걸맞은 옷을 입었다. 물론 그전에도 항상 여성을 대상으로 하는 교육은 남성의 그것과는 구별되었지만 시민계급 시대 때처럼 그렇게 확연하게 차이가 나지는 않았다.

제인 오스틴의 소설을 읽어 본 사람이라면 소녀들이 어떤 교육을 받았는지 알 것이다. 그녀들은 승마를 배우기도 하고, 남자가 하는 것과 똑같은 역동적인 종목의 스포츠도 즐겼다. 그러나 시민계급 사회에 들어서면서 이 풍토는 모두 사라졌다. 1949년에 출간된 시몬 드 보부아르의 『제2의 성』을 읽어 보면 세상이, 특히 남녀 간의 관계가 얼마나 크게 바뀌었는지 깨닫게 된다. 이 책은 페미니즘 문학의 시초가 되는 책으로서, 페미니즘 문학은 비단 서프러제트들로부터만 시작된 것은 아니었다.

서프러제트들은 여성들이 정치적으로 해방되고 선거권을 쟁취하고, 시민으로 적극적으로 활동할 수 있게 되기를 갈망했다. 그러나 시몬 드 보부아르는 그 단계에 머무르지 않았다. 보부아르가 이 책을 쓸 당시에도 여성은 수동적인 시민이 아니었다. 이제 중요한 것은 정치적 해방이 아니라 사회적 해방, 즉 남성의 지배로부터의 해방이었다.

시몬 드 보부아르 이후 훨씬 더 진보적인 페미니즘 문학이 태동했지만, 여전히 여성해방의 두 번째 국면이 시작되었을 뿐이었다. 이제 여성은 더 이상 수동적인 시민도, 남성과의 관계에서 수동적인 인간으로 머물러서도 안 된다는 것이었다.

여성에 대한 기존의 모든 판단들은 편견이 되었다. 새로운 판단들이 생겼기 때문이다. 남성들이 여성을 이용한 방식, 결혼 관계에서 그리고 보편적인 세계에서 여성이 억압당한 것들은 이제 부당한 것Unrecht으로 여겨졌다. 그것이 부당한 것으로 여겨졌기 때문에 여성에 대한 판단도 편견으로 귀결된 것이다. 여성을 성녀나 창녀로만 보는 것도 편견이 되었다. 내가 어른이 되었을 때 이미 나는 남성들로부터 이 편견에 대해 들은 적이 있다.

시민계급 시대의 여성들은 여성에 대한 남성의 편견에 맞춰 스스로를 동일시했다. 시몬 드 보부아르 책의 기본 사상은 남성이 여성을 규정한다는 것이다. 여성이 누구인지, 어떻게 처신해야 하고 어떤 외모를 지녀야 하는지, 무엇을 하고 어떤 존재가 되어야 하는지 전부 남성의 시각에서 규정된다는 것이다. 그리고 여성들도 남성들이 여성에게 원하는 그대로 처신한다는 것이다. 마치 파르베누처럼.

여성은 남성들에 비해 자기 스스로는 결정하지 못하는 역할을 한다. 마치 무대 위의 여배우처럼 여성은 자신을 위해 쓰인 대본 속의 역할을 맡고, 이 역할에 맞추어 행동한다. 여성들은 그런 제스처를 하고, 그에 따라 웃는다. 그리고 그에 맞는 헤어스타일을 하며, 남성이 원하는 애교를 부린다. 그렇게 해야 여성은 좋은 여자가 되는 것이다. 뿐만 아니라 자녀교육도 남성이 원하는 방식대로 한다. 즉 여성은 이 역할에서 항상 열등한 존재로 부각된다. 그래서 보부아르는 책 제목을 '제2의 성'이라고 한 것이다. 이것은 여성이 어떻게 존재해야 하는지를 첫 번째 성(역할)이 규정하며, 두 번째 성(역할)은 자기 스스로 규정하지 못함을 뜻한다.

자기 결정Selbstbestimmung은 근대성의 전통적 범주 가운데 하나이다. 남성들의 문제에 관한 한 근대의 모든 윤리는 자기 결정을 통해 이루어졌다. 사람은 자신을 위해 스스로 결단하는 인간이 되고 싶어 한다. 이것이 자기 결정의 속성이다. 그렇지만 여성

편견

들은 스스로 결정해서는 안 되고 다른 사람에 의해 결정되는 존재였다.

시몬 드 보부아르는 남자 아이와 여자 아이에 대한 교육이 다르다고 말한다. 여자 아이는 인형을 갖고 노는데 인형을 아기로 여기고 돌본다는 것이다. 또한 여자 아이에게는 미리 엄마 역할을 하게 한다. 그리고 어떤 옷을 입어야 하는지, 긴 치마와 짧은 치마는 각각 언제 입어야 하는지도 주입시킨다는 것이다. 엄마가 어린 딸에게 가르치는 것도 남자 애들 앞에서 어떻게 처신해야 하는지에 관한 것들이다.

물론 여자 아이는 섹슈얼리티에 대해 전혀 모른다. 프로이트는 누이동생과 관련된 에피소드를 말한 적이 있다. 결혼식을 올린 첫날밤에 벌써 그녀는 집으로 돌아왔다. 무슨 일이 있었느냐는 물음에 그녀는 신랑이 미쳤다고 대답했다. 그가 벌거벗은 자기 몸을 보려 한다는 것이었다. 식구들은 열여덟 살의 어린 신부에게 남편은 미친 사람이 아니라 신부에게서 무언가를 원하는 것이라고 설명해야 했다. 남자 아이들은 발기Erektion가 건강한 남자가 되는 육체적 신호라고 배운다. 그리고 그것이 어째서 중요한지도 알게 된다. 반면 여성이 생리를 한다고 그것이 에로틱한 신호는 아니다.

문학에서 여성은 어떤 모습으로 등장하는가? 제인 오스틴의 소설 속 여성들은 자의식이 대단히 강한 인물들임을 알 수 있다.

그럼에도 그녀의 소설에 등장하는 소녀들의 목표는 한결같이 결혼이다. 물론 주인공 여성도 좋은 남자를 만나기를 원하며, 다른 목표는 전혀 생각하지 못한다. 20세기까지만 해도 여성은 결코 독립적 주체가 아니었다.

남성 작가들이 쓴 문학도 다르지 않았다. 자전적 내용이 짙은 찰스 디킨스의 책, 『데이비드 코퍼필드』를 보면 서로 상이한 두 여성이 등장하지만, 이 두 여성 모두 전적으로 여성 역할을 한다. 즉 한 명은 소녀의 역할, 다른 한 명은 집안의 모든 열쇠의 주인인 주부의 역할을 맡는다.

이것은 시詩에서도 마찬가지이다. 여기서도 여성은 부차적일 뿐 주도적으로 그려지지 않는다. 여성은 예쁘고 귀엽고 사랑스러운 대상으로서 항상 웃고 젊은 모습으로 비춰진다. 반면 그렇지 않은 다른 문학 장르도 있다. 희곡이 그 장르인데, 희곡 속의 여성들은 평상시와는 다르게 자신의 목소리를 낸다. 그녀들은 여성의 고통과 확신을 당당히 표현한다. 이것은 이미 소포클레스, 아이스킬로스, 에우리피데스의 희곡에서 나타난다.

에우리피데스의 인물 메데이아는 다른 여자 때문에 버림받은 여성의 고통을 대변한다. 이와 달리 아이스킬로스의 인물, 클리타임네스트라는 대단히 독립적인 여성이다. 클리타임네스트라는 많은 사람들에게 역사 속에서 여성이 권력을 장악한 모권母權지배체제가 있었음을 떠올리게 한다. 그러나 오늘날 학자들은 이것은 그 경우에 해당되지 않는다고 주장한다. 물론 모권 사회가 있었으며, 지금 유대 문화에서 모권 사회의 특성을 엿볼 수 있지만, 그것이 여성이 지배적 역할을 행사했다는 의미는 아니다.

남성이 여성보다 지적知的으로 우월한가? 요즘 세상을 보면 확실히 그런 것 같지는 않다. 물론 남녀 간의 역할 차이는 있다. 남성은 여자보다 육체적으로 더 강하다. 그래서 남성은 전쟁을 수행하고 훌륭한 군인이 될 수 있었다. 인류 역사에서 아주 오랫동안 중요한 일들은 거의 육체적인 활동이었다. 남성은 전쟁터에서 죽고, 여성은 아이를 낳다가 죽는 경우가 다반사였다. 이것은 성 비율의 균형을 이루게 했다. 여성이 전쟁터에 갔다면 이 균형은 허물어졌을 것이다. 인류가 대대로 살아남기 위해서 이 분업은 아주 오랜 세월에 걸쳐 꼭 필요했던 것이다.

20세기 이후에는 전쟁에서도 육체적 힘은 더 이상 큰 역할을 하지 못했다. 오늘날 육체적 활동은 더 이상 중요하지 않다. 따라서 여성에 대한 남성의 육체적 우월함도 전혀 의미를 갖지 못한다. 아울러 출산 과정에서 죽는 여성도 극소수이다. 그렇기 때문에 오늘날 성의 역할 분담은 더 이상 필요 없다.

클리타임네스트라 이외에 고전 드라마들 속에는 또 다른 대단한 여성 인물이 등장한다. 예컨대 엘렉트라가 그런 여성이며, 셰익스피어의 『로미오와 줄리엣』의 줄리엣과 『맥베스』에 나오는 맥베스의 섬뜩한 아내는 남성 역할을 하는 인물들이다. 반면에 이

두 작품에서 남성들은 여성적인 면모를 보인다. 물론 개성이 강한 이 여성 인물들이 여성이 처한 상황의 부정의 문제까지 이야기하는 것은 아니다. 이 여성들은 남성의 편견에 대해서는 거의 아무 말도 하지 못한다.

근대에 이르러 비로소 여성들이 남성의 편견에 대해 말하기 시작했으며 남성에 맞서 여성으로서 스스로를 증명하려 하였다. 그런 시도를 한 첫 번째 여성이 『오셀로』의 에밀리아이다. 셰익스피어의 또 다른 인물, 로잘린도 마찬가지이다. 특히 로잘린은 남성 역할을 하고, 남장男裝하면서 여성의 문제에 대해 이야기하고 여성에 대한 억압이 편견이라고 말한다. 현대 희곡에서도 개성이 뚜렷한 여성 인물들이 많이 등장하는데 입센의 노라를 비롯하여, 오스트로프스키와 체호프의 작품에서도 많은 여성들이 그들이 처한 억압적 상황과 부정의를 주제로 이야기하고 있다.

현대 기술과학의 지식과 능력도 여성 해방과 자기 결정의 전제 조건이었다. 이것은 두 가지 이유에서 그러하다. 첫 번째는 산아제한 정책이 그때까지 해결할 수 없었던, 여성들이 직면한 문제들을 기술적으로 해결해 주었다는 점이며, 두 번째는 기술 발전으로 인해 가사노동이 변했다는 점이다. 가스와 전기, 냉장고와 세탁기를 비롯한 전자 제품이 집안 살림의 가사노동을 수월하게 해 주었다. 이러한 면에서 여성은 남성보다 더 이상 열등하지 않은 존재가 된 것이다. 여성이 집안 살림을 도맡아 한다 하더라도 오늘날에는 거의 예전과 같지 않고 여성들이 독자적인 생활을 위한 시간을 갖게 되었다.

시민계급의 여성은 자신을 당당히 표현하는데 그녀들은 예쁜 옷을 입고 산책을 하고, 영업을 목적으로 돌아다니기도 한다. 또한 사교 모임을 열거나 손님을 초대하기도 한다. 모든 것을 철저히 준비해서 같은 손님들에게 똑같은 식사 대접을 되풀이하는 경우도 없다.

그러나 여성 노동자들은 과도한 일에 시달려야 했다. 남편에게 복종하고 가족을 위한 일을 모두 떠맡아 했을 뿐만 아니라, 공장에서 일을 해야 했기 때문이다. 프롤레타리아 여성의 경우 매일 남편에게 구타당하는 일이 아주 많았는데, 이 상황에서 그녀들은 어떤 선택을 할 수 있었을까? 거리로 나가 보았자 가진 것은 몸밖에 없는 신세여서 간신히 연명하거나, 하루 12시간 내내 공장에서 시달릴 수밖에 없었다. 여성 노동자들에게는 출구가 전혀 없었다.

오늘날 모든 여성에게 직업의 문이 열렸다. 대학에서 여학생 수가 남학생보다 더 많은데 심지어 이공계 전공 분야에서도 그런 경우가 많다. 학위 취득자도 10~15년 내에 여성들이 남성들보다 더 많을 것으로 예상된다. 여성들의 성적이 더 우수하여 남성들보다 더 높은 지위에 오를 것이다.

성 문제와 관련한 상황도 완전히 달라졌다. 19세기만 해도 정식 혼인관계를 통해 태어나지 않은 자녀, 이른바 사생아는, 아이를 낳은 엄마는 물론 당사자인 그 아이 자신에게도 불행한 존재로 인식되었다. 이것은 '아버지가 없는' 아이들에 대한 끔찍한 편견이었다. 모파상의 작품에서 보듯 이들은 다른 아이에게 따돌림과 괴롭힘을 당했다. 사생아를 낳은 여자도 인정받지 못했다. 지금도 정식으로 결혼하지 않은 여자들에게 태어난 아이들이 수없이 많지만, 더 이상 법적인 차별은 물론 어떠한 차별도 받지 않고 있다. 동성 간의 혼인도 이루어지고 있고 이들에게도 자녀를 입양할 기회와 권리가 법적으로 부여되어 있다. '죄악'이라고 업신여긴 것은 과거의 일이 된 것이다.

그러나 다른 한편으로는 과거에는 없었던 문제가 지금은 여성에 대한 편견으로 작용하는 경우가 있다. 상황이 많이 호전되었음에도 불구하고 여전히 남성에 비해 여성은 이류 취급 받는 사례도 있다. 이것은 비단 남성만이 아니라 여성에게도 책임이 있다. 여성 스스로 남성들이 자신보다 '위에' 있기를 바라는 경우도 있다. 여성들이 이런 태도를 보이는 한, 남성들은 자기들 '밑에' 있는 여성을 고르는 경우가 더 많을 것이다. 남성이 여자보다 더 현명하고 그래서 더 많은 돈을 벌고 좋은 지위에 올라야 한다는 관념은 전통적으로 여성에게 불리한 관념이다.

여성들을 이러한 관념에서부터 해방시키는 것은 바로 여성 스스로의 자의식Selbstbestätigung일 것이다. 이것은 여성 해방이 무엇보다 여성 자신의 일임을 뜻한다. 남성들 역시 달라진 새로운 상황 때문에 어려운 처지에 놓이게 되었다. 남성들도 불확실하게 된 것이다. 이들도 자신이 누구인지 무엇을 해야 하는지, 또한 여성들에게 어떻게 대해야 하는지 알지 못한다. 또한 사회적 위상도 더 이상 확실하지 않다고 느낀다. 기존의 지위는 더 이상 유효하지 않게 되었고, 새로운 지위도 더 이상 매력적인 것으로 여겨지지 않는다.

현재 이 흐름은 정치적으로 나누어진다. 남성과 그들의 투표 태도에 의해 여성에게 어떤 지위를 부여할 것인지 결정된 사항들을 이제 여성들이 수용하지 않게 되었다. 남성들은 여전히 자신들의 지위를 유지하려 한다. 이것은 특히 의회에서 그러하다. 그러나 표결을 하지 않는 경우, 예컨대 대학 수석졸업자나 여성 실업인의 자격이나 지위 등은 여성 자신의 몫이 되곤 한다. 물론 높은 지위에 올라서도 다른 여성의 처지에 대해서 아무 관심도 기울이지 않은 여성들도 있다. 이들이 바로 파르베누들이다.

7.

철학적 편견

근대의 모든 영역에서 우리가 말하는 편견은 막스 베버가 말한 의미의 편견들이다. 베버는 그의 후기 저작에서 섹슈얼리티도 근대의 영역이라 분석하고, 이 섹슈얼리티를 예술, 종교, 과학, 경제 그리고 정치와 함께 분류하였다.

일반적으로 우리가 말하는 편견의 유형은 사람들에게 굴욕감을 주고 낙인찍으며, 억압하고 조롱하며, 차별하고, 폭력적으로 대하는 것들이다. 즉 이것들은 인간 공동체, 집단, 성, 민족, 계급 혹은 이른바 인종에 대한 편견들이라 할 수 있다.

편견은 근대가 역동적이며 끊임없이 발전해 왔다는 사실, 새로운 것이 낡은 것과, 낡은 것이 새로운 것과 서로 갈등을 빚었다는 사실과 관련이 있다. 이러한 갈등 속에서 낡은 것은 새로운 것의 개념과 생활 방식, 구상들을 편견이라고 일컬었고 또 반대로 새로운 것도 낡은 것을 그렇게 보았던 것이다.

근대 철학의 특징은 중세 스콜라학파들을 순전히 편견에 사
로잡힌 철학자로 간주했다는 데 있다. 프랜시스 베이컨이 그런
사람이었다. 경험적 지식에서 출발했으며, 철학적으로도 경험에
근거한 이 근대적 인간은 그 '우상들'(스콜라학파 철학자들이 내세우는
것—옮긴이)이 편견에 불과하다고 여겼다.

실체Substanz와 속성Attribut에 관한 다양한 담론들 그리고 신의
속성은 긍정적인 것인가 아니면 부정적인 것인가 하는 물음과 같
이 중세 철학에서 핵심적인 위치를 차지했던 철학적 사유를 비롯
하여 모든 것들이 근대에 접어들면서 편견이라고 일컬어졌다. 사
람들은 그때부터 그런 '어리석은' 문제에 천착하지 않았기 때문이
다. 근대 철학은 경험과 경험적 지식에 집중해야 한다고 베이컨은
생각한 것이다.

이성론자理性論者, 데카르트 역시 스콜라적 사유에 대해 같은
견해를 대변한다. 그는 모든 책들은 편견으로 가득하기 때문에
모조리 던져 버려야 한다고까지 말했다. 우리는 우리 이성, 우리
오성으로부터 출발해야 한다. 각각 개별적 인간이 생각하고 생각
할 수 있는 것, 그것을 위해 인간의 사유를 통해 도달할 수 있는
것, 인간의 사유 속에서 발견할 수 있는 것, 그것은 편견이 아니라
진리이다. 책들, 특히 스콜라학파의 책에 씌어져 있는 것들은 모두
순전히 편견에 불과하다.

데이비드 흄은 한 걸음 더 나아갔다. 그는 마치 어떤 문제제기 자체가 이미 편견일 수 있다는 듯 구체적인 문제에 대해 언급했다. 흄에게 육체와 정신의 분리는 편견이다. 인과성Kausalität도 그저 전후前後만 따지기 때문에 편견이다. 인과관계Kausalverhältnis가 증명되지 않는다면 인간의 사유는 전후 맥락을 이해할 수 없다. 그래서 흄은 이것을 편견으로 간주하였다.

니체는 『우상의 황혼』에서 철학적 편견을 집중적으로 다루었다. 경험적 지식의 세계, 물질의 세계를 정신의 세계와 구분하는 것 자체가 편견이라는 것이다. 이미 고대 그리스 시대에도 그런 편견이 있었지만 중세 때에는 그렇지 않았다고 보았다. 다만 중세 스콜라 철학자들의 이론은 이미 플라톤과 아리스토텔레스에게서 찾을 수 있는 담론에 불과하며, 이들은 더 많은 것을 발전시켰어야 했다고 그는 생각했다.

근대에도 사람들은 이 편견에서 벗어나려 하지 않았다. 칸트가 자연에 맞선 초월적 자유를 설정한 것 역시 편견과 다름없다고 볼 수 있다. 니체에 의하면 우리가 그것을 파괴하였으므로 '제2의 세계die zweite Welt'는 상실되었다. 철학적 전통 속에서 형이상학의 전통은 편견으로 여겨져 서서히 그리고 완전히 허물어졌다. 철학자들은 이것을 '해체' 혹은 '낡은 형이상학적 우상의 해체'라 부른다.

물론 근대적 사유방식도 기존 개념의 관점에서 보면 편견이라고 할 수 있다. 물론 다른 견해를 피력한 철학자도 있다. 라이프니츠는 서로 다른 두 개의 관점이 있을 뿐이지 어느 것도 편견은 아니라고 말했다. 세계를 스콜라 철학자들의 관점에서 바라볼 수도 있으며, 그들의 견해에는 몇몇 편견이 있기는 하지만 그 속에는 현명한 것도 많다는 것이다. 그리고 데카르트의 이론에도 현명하고 시대에 맞는 견해가 많지만 심각하게 문제의 여지가 있는 측면도 역시 많다는 것이다. 하지만 라이프니츠도 자신의 주장을 집요하게 고집한 면이 없지 않다.

근대 예술 박물관을 찾아가 보면 우리는 근대에는 항상 어떤 '~이즘(~주의)-ismus'이 발전해 왔음을 확인할 수 있을 것이다. 그리고 이 '~이즘'은 또 다른 '~이즘'으로 곧 대체되었다. 인상주의는 표현주의로, 그 다음에는 구조주의, 다다이즘, 초현실주의 등으로 계속 대체되었다. 모든 '~이즘'은 과거의 '~이즘'을 나쁘고 보수적인 예술이라고 단정했다.

모든 보수적인 예술은 새로운 '~이즘(~주의)'을 편견으로 간주하면서, 새로운 것이 대체 예술과 어떤 연관이 있는지 의문을 제기했다. 차라리 아이들도 그따위 그림을 그릴 수 있을 것이다, 젊은 예술가들이 너무나 그림을 못 그리며, 색도 올바로 입히지 못한다는 식으로 비판한다. 또한 그들이 그린 예술작품은 제대로 된 그림이 아니라, 휘갈긴 것에 불과하다는 것이다. 여기서 문제는 나이 든 사람들은 이해할 수 없는 예술 유형이다. 이들도 역시 자신들의 이해관계를 정당화하려 하기 때문이다.

반대로 젊은 사람들도 나이 든 사람들을 이해하지 못한다. 나이 든 사람들이 말하는 것에 대해 이들은 고전주의 그림이 어느 목적에 유용한지를 묻고 굳이 배울 필요가 없을지 모른다고 주장하는 경우도 있다. 왜 하필이면 물질주의적인 인물인가? 이들은 인간의 영혼은 보여 주지 못하고, 판타지도, 상상력도 없다. 물론 이 역시 당연히 편견이다.

음악에서도 이와 비슷하다. 낭만주의자들은 빈 고전주의에 대해 그것은 음악이 아니라, 그저 소리일 뿐이며, 멜로디도 하모니도 없는 싸구려 음악으로, 노래할 수조차 없다고 말한다. 낭만주의의 후계자들은 낭만주의 음악이 '키치'에 불과하며, 세계와 영혼에 대해 아무 것도 표현하지 못하는, 그야말로 부르주아지의 감상적 취향일 뿐이라고 비판한다. 문학에서도 다르지 않다.

이를테면 사무엘 베케트와 외젠 이오네스코가 각광받았을 때, 사람들은 이들의 인물이 바보 같다고 비평하였지만, 이 비평가들도 소설과 드라마의 낡은 유형을 대변하는 시대에 뒤떨어진 사람들이라는 평가를 받았다.

이처럼 근대의 모든 영역에서 판단과 편견들이 있지만 이것들이 구체적인 사회계급들과 결부된 경우는 별로 없었다. 바그너가 '유대 음악', 히틀러가 '타락한 예술'이라고 언급한 정도가 그것과 결부시킨 예외적인 사례이지만, 이것은 당연히 정치적 편견이었다. 그리고 피카소 같은 예술가는 부르주아지 계급에 속하며, 그런 예술가들의 작품은 부르주아지의 삶을 표현하고 있기 때문에 쓸모없는 것이라는 주장도 제기되었다. 그러나 어떤 경우든 이 역시 편견일 뿐이다.

자연과학

우리가 알고 있는 바와 같이 자연과학 역시 근대에 비로소 태동했다. 나는 앞에서 과학적 판단은 오직 검증 가능한 것이라야만 진리일 수 있다고 말한 바 있다. 참다운 명제들은 모두 어쩌면 진리가 아닌 것일 수 있음을 전제로 해야 한다. 그렇지 않으면 그것은 진리가 될 수 없다. 그것을 도입한 사람들에게도 진리가 아닌 경우에 밝혀질 수 있는 그러한 명제와 개념, 구상들만이 과학적 담론에 참여할 수 있다.

그 비非진리성을 증명하지 못하면서 사람들이 진리라고 생각하는 명제들은 과학적 담론에 참여할 수 없다. 그것은 신앙의 원리이다. 이것이 종교적 진리와 과학적 진리의 차이인 것이다. 종교적 진리는 그저 믿음의 대상일 뿐, 검증할 수 없다. 오늘날 이 문제에 관해 아주 흥미로운 토의가 벌어지고 있다. 위르겐 하버마스는 어떤 신학적 논증이 현대의 정치적 담론에서 수용될 여지가 있는지에 대해 서술하였다.

과학적 담론은 진리와 거짓을 밝혀낼 수 있는 그러한 명제이다. 그래서 과학적 명제는 편견이 아니다. 만약 과학에서 어느 이론을 참된 것이라고 증명하고, 다른 이론은 진리가 아님을 증명하고자 한다면, 그 이론은 이론으로서의 진리의 가치를 잃지 않는 것이다. 이는 과학적 명제가 편견이 아님을 의미한다.

개인적 편견

사람들은 특정 집단에 대해서뿐만 아니라 (그들에 대해 실제로 알지도 못하면서) 그저 순간적인 느낌이나 인상에 근거하여 개개의 사람들에 대해서도 편견을 갖고 있다.

어떤 사람에 대해 충분히 알기 전에 최종적으로 판단하는 것자체가 특별한 유형의 편견이다. 여기서 중요한 것은 '성찰적 편견들reflektierende Vorurteile'이다. 대개 편견은 개별적 경우에서 출발하는데, 각각의 사람들에 대한 편견을 근거로 하여, 그것을 일반화시키는 것이다. 예를 들면, "그 남자는 나를 속였어, 남자들은 모두 사기꾼이야.", "그 남자는 변호사인데 사기꾼이야, 변호사들은 전부 사기꾼이야.", "그 정치인은 주민들의 편안한 생활보다는 오로지 자기 권력에만 관심이 있어. 정치인들은 한결같이 자기들 권력에만 관심이 있는 사람들이야."

여기서 근본적 핵심은 규정적 편견과 성찰적 편견의 결합이다. 개개의 사람에 대해 판단을 하면, 이미 그 사람이 속해 있는 집단에 대한 어떤 선입견Vormeinung을 그리고 마지막 단계에서는 그 사람과 관련한 개별적 사례를 다시 그 집단 전체에 적용한다. 구체적 인물 혹은 집단을 대상으로 한 거의 모든 보편적 적용들은 편견이다. 정치에서도 편견이 작용하는데 예를 들면 "사유재산은 절도이다!"라는 주장이 그것으로, 이에 따르면 사유재산을 갖고 있는 사람은 모두 도둑인 셈이다.

각각의 편견들은 특정한 동기에서 출발한다. 어떤 사람을 부러워하고, 그에 대해 질투를 느끼면, 그 사람에 대한 편견이 증폭되는 경우가 종종 있다. 자신은 아무 것도 없는데 이웃이 돈이 아주 많은 사람이라면, 사람들은 그가 무슨 부정한 짓을 했으리라고 믿는 경향이 있다. 그 사람이 상속을 많이 받아서 그런 경우라면 그에게 재산을 물려준 그의 아버지가 부정한 방법으로 돈을 긁어모은 것으로 생각한다. 어떤 사람이 다른 사람에게 질투를 느끼면 부정적인 편견으로 그를 대하는 성향이 증폭되어 어리석은 사람, 지저분한 사람, 혹은 부정한 사람이라고 일컫기도 한다. 여성의 경우에는 남편을 유혹해서 결혼한 창녀 같은 여자라고 하기까지 한다.

개개인에 대한 편견이 어떤 일반적인 생각으로 귀결되면 편견의 대상이 되는 사람을 낙인찍기도 한다. 질투심이나 시기심에서 개인을 낙인찍지만, 어떤 보편적 사례에 의해서 그렇게 하기도 한다. "남편을 유혹해서 결혼한 여자는 창녀야!" 여기서 사람들은 특정 여성에게 낙인찍기 위해 편견의 보편적 대상을 이용한다. "내 친구를 유혹한 남자는 사기꾼이야!" 여기서도 그 남자는 사기꾼으로 낙인찍힌다. 그런데 그 사람이 변호사이면 모든 변호사는 사기꾼이 된다. 여기서는 모종의 질투심 때문에 당사자는 보편적인 개념으로 낙인찍힌다. 아울러 흔히 찾아볼 수 있는 개개인에 대한 편견은 당사자를 낙인찍음으로써 위험한 편견으로 이어진다.

정체성에 대한 물음
- -

정체성에 관한 두 개의 철학적 이론이 있다. 이 두 이론은 우리의 문제들과 관련이 있다. 첫 번째 유형은 주관적 정체성이다. 우리는 우리 자신을 어떤 존재라고 믿는가? 우리에게 우리는 어떻게 나타나는가? 우리 자신의 상상 속에 있는 우리는 어떤 존재인가? 우리의 연속성은 무엇인가? 우리는 대체 누구인가?

주관적 판단은 일반적으로 (존 로크가 자신의 이론에서 이에 대해 개진한 것과 같이) 우리 자신의 자전적 기억과 같은 것이다. 대개 사람들이 파편적 기억을 떠올리는 시기인 3~4세 때부터이며 그 이후부터 기억은 점점 집약되어 구체화된다. 우리는 이것을 연속적 이야기라고 설명하는데, 이것은 다른 누구도 갖지 못하는 우리 자신만의 기억Erinnerung이다. 우리가 주관적 기억에 대해 말하려는 것도 이 때문이다. 우리 자신이 기억하는 것을 아는 사람은 우리 자신뿐이다. 물론 우리의 기억을 다른 사람에게 전해 줄 수 있고 그 기억이 환기하는 느낌들Gefühle을 표현할 수는 있을지 몰라도, 그것을 오롯이 옮길 수는 없다. 즉 기억의 느낌을 다른 사람과 나눌 수는 없다는 뜻이다.

기억들을 통해 우리는 이야기를 만들어낸다. 그리고 우리는 그 이야기의 끝에 서 있다. 만약 어떤 사람이 열다섯 살이라면 그의 기억은 15년에 끝난다. 일흔 살 노인에게 기억은 70년에 끝난다. 항상 처음에서 시작하여 마지막까지 이어진다. 그렇기 때문에 이 정체성은 절대 고정적인 것이 아니라 유동적이다. 우리는 항상 새로운 체험을 하고, 우리의 기억은 이 새로운 체험을 통해 변한다. 그리하여 우리는 우리의 삶의 역사를 다른 방식으로 이야기할 수 있는 것이다.

물론 이러한 주관적 정체성은 우리가 믿고 싶은 방식대로 그렇게 주관적이지 않다. 당연히 우리는 모든 것을 역사적 맥락 속에서 체험한다. 낙인찍히고 따돌림을 받는 아이는 그것을 단절된 체험으로 느낀다. 그래서 낙인찍는 것 자체는 사회적 행동이다.

어떤 아이가 아버지에게 매질을 당했다면 그것은 개인

편견

적 체험일 뿐만 아니라 한 세대의 체험, 하나의 사회적 사실 gesellschaftliche Tatsache이다. 유대인이나 유색인종으로 낙인찍힌 것은 개인적 체험인 동시에 사회적 편견이다. 그래서 모든 주관적 정체성은 대상, 사회적 조건들, 스스로 사회적으로 변화하는 세계를 내포한다. 이 기억들은 어떤 사람이 행한 것만이 아니라 그에 대한 반응까지 모두 포함한다. 그리고 그것 역시 정체성 형성에 이바지한다.

라이프니츠는 로크와 달리 정체성은 주관적 기억으로 이루어지지 않는다고 말한다. 사람들은 자기 기억을 잃을 수도 있는데, 그럼에도 불구하고 (기억을 잃은) 당사자는 다른 사람에 의해 재인식된다. 라이프니츠에 따르면 주관적 정체성은 얼굴과 이름으로 구성된다. 물론 다른 사람과 이름이 같을 수는 있지만, 두 사람이 똑같은 얼굴을 할 수는 없으며, 지문도 똑같을 수 없다.

물론 이 주관적 정체성은 보이는 모습처럼 그렇게 주관적이지 않다. 괴테는 모든 사람은 서른 살이 넘으면 자기 얼굴에 책임을 져야 한다고 말한 바 있는데 그의 말은 너무도 당연하다. 개성은 얼굴에도 나타난다. 그것은 객관적일 뿐만 아니라 주관적인 것이기도 하다.

주관적 정체성이든 객관적 정체성이든 모두 사회적 정체성이 중요한 역할을 한다. 노예의 주관성과 객관성은 주인의 그것과 다르다. 사회적 제약성이 그의 정체성에 속하기 때문이다. 이 주관적 정체성을 받아들이지 않으면 다른 사람의 시선에서 본 객관적 규정과 자기 정체화Selbstidentifikation 사이의 갈등으로 이어진다.

우리는 우리 자신을 다른 사람의 시선으로 보아야 하지만, 그것에 의해 우리 스스로를 규정지을 필요는 없다. 자기존중Selbstrespekt이란 자신을 있는 모습 그대로 존중하고, 다른 사람의 시선으로 자신을 보지 않는다는 것을 의미한다. 물론 스스로를 완전히 다른 사람의 시선으로 바라보지 않는 것, 그것은 허영Eitelkeit이다. 그렇다면 우리는 언제나 다른 사람에 대해, 다른 사람이 우리 자신을 보는 모습과는 전혀 다른 인상을 갖고 있다.

어떤 방식으로든 우리는 언제나 다른 사람에 대해, 다른 사람이 우리 자신을 보는 모습과 다른 인상을 갖기 마련이다. 우리가 우리 스스로에게 갖는 상像이 옳은 것이라고 확신할 수 없다. 어쩌면 다른 사람은 우리 안에서 우리 자신이 보지 못하는 다른 그 무엇을 볼 가능성이 크며 그 반대도 마찬가지이다. 아무튼 우리 스스로 만족하고 있으니, 우리 자신이 인정받기 위해 굳이 다른 사람의 시선을 의식할 필요는 없다는 생각은 잘못이다.

물론 우리는 항상 어떤 역할을 하는 존재이다. 문제는 우리가 여러 역할을 소화하느냐 혹은 그 역할과 동일시하느냐, 우리가 그 역할과 일정한 거리감을 두느냐, 그 역할 놀이에도 불구하고 우리 자신의 인격적 통일성을 지킬 수 있느냐 하는 점이다. 우리는 우리 자신의 전체 삶을 규정하는 방식으로 그렇게 역할을 수행할 필요는 없다. 만일 그렇다면 그것은 허황된 것이다. 그것이 기술적 역할이든 사회적 역할이든 우리는 다만 정해진 기한과 범위 내에서 우리에게 주어진 역할을 할 뿐이다. 그리고 그 역할과 동일시하지 않고 우리 자신의 정체성을 지켜나가야 한다.

여기서 중요하고 새로운 또 다른 물음이 제기된다. 어떻게 우리는 우리 자신을 대변할 수 있을까? 대표성을 갖는 것이 가능한가? 우리는 개인으로서 아니면 한 집단의 구성원으로서 우리 자신의 대표성을 갖고 있는가? 한 집단의 구성원이면서 다른 집단도 대변할 수 있는가? 예를 들면 남성 국회의원이 여성을 대표할 수 있을까? 아니면 여성의 대표성은 오로지 여성 국회의원만이 가능한 것인가? 우리가 개인으로서 대표성을 갖는다는 것은 어떤 의미인가?

작가들은 작품을 통해 개인으로서 스스로를 대표할 수 있다. 한 남자와 한 여자는 문학작품에서 그 남자 혹은 그 여자로 대표성을 갖는다. 그리고 보편적으로 예술가는 개인으로서 스스로를 대표할 수 있다. 미술전시회에 가서 전시된 그림을 보면 그림을 그린 화가를 알 수 있다. 모국어로 쓰인 시를 읽으면 그 시를 쓴 시인을 알 수 있다. 그의 시 속에 시인 자신의 개성을 대변하기 때문이다.

그렇지만 시인도 화가도 아닌 평범한 개인이 어떻게 개인으로서 스스로를 대표할 수 있을까? 그러한 대표성이란 것이 대체 있기나 한 것인가? 그것은 일상에서 친구들과의 모임을 통해서 자신의 개성을 드러내는 방식 정도일 것이다.

세 가지 유형의 개성이 있는데, 그 개성은 첫째 어린 시절에 싹 트며, 둘째 청소년기에 그리고 마지막으로 어른이 되어 나타난다. 내가 말하는 개성은 심리적, 도덕적, 지적知的 개성이다. 이 세상에서 자신을 대표한다는 것은 이른바 자기 개성의 총체성Totalität seines Charakters을 대표한다는 것을 말한다. 이것은 오로지 그 사람만이 갖고 있는 단일한 특성Singularität 속에 나타난다는 의미이다. 그러나 역설적인 사실은 유명한 예술가이고 자기가 하는 일에서 더 많은 대표성을 갖는 사람일수록 그의 삶 속에서 이 대표성은 오히려 약하게 나타난다는 사실이다. 즉 대표성이 가능한 유형은 일상의 삶에서 자기 대표성의 가능성을 축소시킨다는 점이다.

이것이 편견의 세계와 어떤 연관이 있다는 말인가? 각각의 개인적 정체성은 사회적 정체성이기도 하다. 정체성에 대한 질문을 받으면 사람들은 차라리 이렇게 말하곤 한다. "나는 나다!" 물론 이 말이 가장 좋은 대답이긴 하지만 그렇게 대답할 수는 없다. 예컨대 "당신은 오스트리아 사람으로서 자신에 대해 어떻게 생각하십니까?, 독일 문화와 동질감을 느끼시나요?, 가톨릭 신자이십니까? 남자로서, 아니면 여자로서 어떻게 생각하세요?"라고 묻는 것이 사회적 정체성에 해당하는 물음이다. 그리고 집단 정체성에 대해서도 밝혀야 한다. 그렇지만 그것과 관련된 편견을 전제로 하는 경우가 많다.

일반적인 대답에 대해서는 후속 질문이 이어진다. 예컨대 시인에게는 이렇게 묻는다. "당신은 어떤 시인이신가요? 현대시를 쓰시나요, 자유 형식의 시를 즐겨 쓰시나요? 시집을 출간한 적은 있으신가요?" 물론 객관적인 집단 정체성 역시 유동적이다. 오스트리아에서 태어나 미국으로 이민한 사람에게는 자신을 어떻게 느끼는지 묻게 된다. 그 질문에 대한 대답은 쉽지 않을 것이다. 정체성은 다양한 면을 갖고 있기 때문이다.

오직 하나만의 정체성을 갖고 있는 사람은 단 한 사람도 없다. 많은 사람이 모두 많은 정체성을 갖고 있다. 그리고 이 정체성들은 서로 갈등 관계에 놓일 수도 있다. 그리고 어쩔 수 없이 두 정체성 가운데 하나를 선택해야 하는 상황에 처할 수도 있다.

주관적 정체성은 어떤 역할도 아니며 역할을 하지도 않는다. 대학 교수는 하나의 역할이다. 그러나 헝가리 사람이 된 것은 역할이 아닌 정체성이다. 사회적 정체성은 주관적 정체성, 체험과 밀접히 연관되어 있다. 주관적 정체성은 외부에 의한 것이지만 연속적이지 않다. 학창 시절은 잠깐이고 불과 몇 년 지나면 더 이상 학생 신분이 아니다.

수많은 사회적 정체성들은 일시적이다. 우리는 그 정체성을 통해 나타났다가 물러간다. 그러나 본질적 정체성은 일시적이지 않다. 그것은 일찍이 우리 삶에서 피어난 것이며, 벗어나고 싶다고 그것에서 쉽사리 벗어날 수 없다. 확고한 자존감을 갖고 있더라도 그것에 대한 편견이 있는 정체성에서 벗어날 수 없다.

후기

만약 누군가 그동안 자신이 편견을 갖고 있었다는 사실을 깨달았다면? 스스로 그렇게 깨달았다고 더 이상 편견을 갖지 않게 될까? 어떻게 그 단계에 도달할 수 있을까?

첫 번째, 다른 사람과 토론을 통한 방법이 그것이다. 다른 사람을 설득시키려면 자신이 옳다고 생각하거나 그르다고 생각하는 것을 다른 논증들과 대조하여 드러내야 한다. 아주 심한 편견에 사로잡혀 있는 사람은 절대 다른 사람의 주장을 듣고 수긍하려 하지 않는다.

두 번째는 기존에 갖고 있는 편견과 대립되는 개인적 경험을 통한 방법이다. 이것은 갑자기 느끼는 실로 큰 경험이 될 것이다. 예를 들면 사랑의 경험이나 종교적 체험이 그것이다.

언제나 편견을 이겨 나가는 방법들은 있다. 그렇지만 그것을 위해서는 많은 노력이 필요하다.

참고 문헌

Erich Fromm, *Die Furcht vor der Freiheit*『자유로부터의 도피』, 1941.

Friedrich Nietzsche, *Götzen-Dämmerung oder Wie man mit dem Hammer philosophiert*『우상의 황혼』, 1889.

Gordon Willard Allport, *Die Natur des Vorurteils*『편견의 본성』, 1954, dt. 1971.

György Lukács, *Geschichte und Klassenbewußtsein*『역사와 계급의식』, 1923.

Hannah Arendt, *Elemente und Ursprünge totaler Herrschaft: Antisemitismus, Imperialismus, Totalitarismus*『전체주의의 기원』, 1951, dt. 1955/1966.

Hans-Georg Gadamer, *Wahrheit und Methode*『진리와 방법』, 1960.

Helmuth Plessner, *Lachen und Weinen. Eine Untersuchung der Grenzen menschlichen Verhaltens*, 『웃음과 울음』, 1941.

Jan Assmann, *Das kulturelle Gedächtnis. Schrift, Erinnerung und politische Identität in frühen Hochkulturen*『문화적 기억』, München 1992.

Jürgen Habermas, *Strukturwandel der ffentlichkeit*『공공성의 구조변화』, 1962.

Max Weber, *Wirtschaft und Gesellschaft*『경제와 사회』, 1914.

──────, *Wissenschaft als Beruf*『직업으로서의 학문』, 1917.

Michel Foucault, *Der Wille zum Wissen. Sexualität und Wahrheit 1*『지식의 의지』, 1976, dt. 1983.

──────, *Überwachen und Strafen*『감시와 처벌』, 1975.

Niklas Luhmann, *Soziale Systeme. Grundriß einer allgemeinen Theorie*『사회체계들』, 1994.

Norbert Elias, *Die höfische Gesellschaft*『궁정사회』, 1969.

──────, *Über den Prozess der Zivilisation. Soziogenetische und psychogenetische Untersuchungen*『문명화 과정』, 1939.

Oswald Spengler, *Der Untergang des Abendlandes*『서구의 몰락』, 1918/1922.

Sigmund Freud, *Das Unbehagen in der Kultur*『문명 속의 불만』, 1930.

Simone de Beauvoir, *Das andere Geschlecht: Sitte und Sexus der Frau*『제2의 성』, 1949, dt. 1951.

편견